国立大学はどうなる

国立大学法人法を徹底批判する

東京大学職員組合
独立行政法人反対首都圏ネットワーク　編

花伝社

目次◆『国立大学はどうなる』——国立大学法人法を徹底批判する——

はじめに——全大学人、国民に訴える【東京大学職員組合執行委員長 小林正彦】……3

Ⅰ 驚くべき国立大学法人法の内容——法案の分析【東京大学 田端博邦】……6

Ⅱ Q&A 国立大学法人法で大学はどうなる【千葉大学 小沢弘明】……30

Ⅲ 遠山プランと「産官学総力戦」【千葉大学 小沢弘明】……39

Ⅳ 国立大学の理念【東京大学 小林正彦】……43

Ⅴ 国立大学法人法——地方大学からの批判【教育学者 秋山 徹】……49

Ⅵ 公立大学はどうなる——横浜市立大学は公立大学民営化の「横浜モデル」か【横浜市立大学 永岑三千輝】……55

Ⅶ 教育基本法「改正」と国立大学の独立行政法人化【新潟大学 世取山洋介】……62

Ⅷ いま、なぜ大学法人化が出てきたか【一橋大学 渡辺 治】……72

あとがき……82

資料編……83

資料① 国立大学法人法案（抜粋）／資料② 国立大学法人法等の施行に伴う関係法律の整備等に関する法律案／資料③ 教育公務員特例法／資料④ 独立行政法人通則法

はじめに――全大学人、国民に訴える

東京大学職員組合執行委員長　小林正彦

大学人は、国民から学問の自由と教育を受ける権利の負託を受け、日本と世界の未来を担う世代のために、また学ぶ志をもつ人々のために、最善の条件と環境を用意し、自由な知的探求の空間を構築することを、喜びに満ちた仕事としている。

このためには、大学が政治上、宗教上その他の権力または勢力の干渉を受けることなく、全構成員の意志に基づいて研究と教育の自由を行使できるような自治を追求し続ける必要がある。それは、「国民に保障する自由及び権利は、国民の不断の努力によって、これを保持しなければならない」（憲法一二条）からで、この不断の努力は大学人の一国民としての義務なのである。

随分前から、学生や若手教員がおとなしくなり、世事に無関心になったといわれはじめた。勉学と研究に勤しむ余り世事に疎くなっているというのなら良いのだが、学習・研究、社会活動における積極性も相対的に低下してきた。自由の行使は自尊心を生じ、自尊心は自主性、自律性をはぐくむものである。もし、若者たちが積極性を失ってきた背景に、大学が自由な空間でなくなってきたことがあるとすると、これは、大学人の責任であることになる。強靭なエネルギーをもつ若い世代が犬の声になびく従順な羊の群れのようになってしまうと、やがて大学が活力を失い、その進歩と社会への貢献が薄れてくるのではないかと危惧された。

国立大学法人法案をはじめ関連六法が国会に提出されたが、大学における若年層の反応は極めて鈍く、上層部も突き上げがないことをいいことに沈黙し、なされるがままになっている。大学自体がすっかりエネルギーを失ってしまったのではないかと思うほどである。なにゆえ大学人は耳目を封じ、意を発することを忘れてしまったのだろうか。自分のことを自分で決め自分で処理する、個人としての自治能力すらも失ってしまったのだろうか。事の善し悪しを見極め、行動し、自らも批判を受けいれ、世の人々と共に前進する大学人はどこに行ってしまったのだろう。

このような頼りにならない国立大学は変わらねばならない。国民は誰しもそう思うであろう。実は、この本の著者たちも皆そう思っている。しかし、国立大学を行政の力で変えて統制を強めようとすることはもっと悪いことだとも思っている。国立大学法人法案は紛れもなく悪法である。

この本は、現在の国立大学を擁護するために書かれたものではなく、国立大学法人法案がいかに悪法であるかということと、この悪法に対し大学と大学人が無関心で際限のない譲歩を繰り返している限り、教育基本法も憲法も次第に歪められ、有事立法、個人情報保護法など国家統制を強める体制が着々と整えられて行くことに対する危惧の念を示したものである。

大学が国民や広く世界の人々の負託にこたえ、未来を創造する人々の育成に資する存在となるためにも、この悪法は廃案としなければならない。多くの皆さんが法案の本質を見抜き、廃案に向けた運動を支援して下さるようお願いする。

かつて宮沢賢治が希求した人間像は、今もなお大学と大学人のあるべき姿であると私は思う。

雨にも負けず　風にも負けず　雪にも夏の暑さにも負けぬ　丈夫な身体をもち　欲はなく　決して怒らず　いつも静かに笑っている　東に病気の子どもあれば　行って看病してやり　西に疲れた母あ

れば　行ってその稲の束を負い　南に死にそうな人あれば　行って怖がらなくてもいいと言い　北に喧嘩や訴訟があれば　つまらないからやめろと言い　日照りのときは涙をながし　寒さの夏はオロオロ歩き　みんなにデクノボーと呼ばれ　ほめられもせず　苦にもされず

そういう大学と大学人の復活を願って、この書を作成した。

Ⅰ　驚くべき国立大学法人法の内容――法案の分析

東京大学　田端　博邦

1　法人になる国立大学

「この法律において「国立大学法人」とは、国立大学を設置することを目的として、この法律の定めるところにより設立される法人をいう。」（法案第二条第一項）

法人法案によれば、現在ある九七の国立大学と一五の大学共同利用機関は、八九の国立大学法人と四つの大学共同利用機関法人に衣替えすることになる。国立大学の「法人化」である。

大学ごとに法人化されるので、各大学の自律的な運営が確保できるというのが文部科学省の説明である。各大学の自律的な運営が可能になるか大いに問題があるが、ひとつひとつの国立大学が法人になることはたしかである。ひとつひとつの国立大学法人がそれぞれ独立に会計を管理し、運営も決めるというのが立案者の考え方である。ここには、国立大学を相互に競争させることによって、選別淘汰し、統制するというねらいがある。これらの問題点はのちに見ることにする。

ただ、注意深い読者は、冒頭の条文に、「国立大学法人」が「国立大学」を設置する法人であると書かれていることに気づかれたであろう。国立大学はなくなるわけではないのである。しかし、「国立大学法人」と「国立大学」は、どう違って、どう関係するのか、理解できない読者も多いだろう。実際、ここは分かりにくいところである。

この条文は、学校教育法の学校の設置者の規定に関係している。学校教育法二条（現行）は、「学校は、国、地方公共団体及び……学校法人のみが、これを設置することができる」と規定しているのである。学校教育法の設置者に国立大学法人が、それによって設置される学校に国立大学があたるわけである。法人化法案といっしょに国会に提出された「国立大学法人法等の施行に伴う関係法律の整備等に関する法律」案という長い名前の法案（以下、整備法案）は、学校教育法二条を改正して、「国」となっているところを「国（国立大学法人…を含む）」（整備法案三条）とすることにしている。

この設置者たる法人と設置される国立大学とを分けることは実際には、どういう意味があるのだろうか。これについては、法案策定までの過程で長い争いがあった。国立大学協会（国大協）は、設置者としての法人と大学を分けること（「間接方式」）に反対し、国立大学自体を法人とすること（「直接方式」）を強く要求してきた経緯がある。二年以上の論議の過程で直接方式に固まってきた構想は、昨年末の頃に突然変更されたのである。内閣法制局の意見によったとされているが、真相は明らかでない。

法人と大学を分けることに対する大学側の反対の論拠は二つあった。大学と別に法人がつくられると、法人が大学「経営」を支配することによって、大学の「教学」の自由を圧迫するのではないかという点がひとつ（「教学と経営の分離」、後者による前者の支配）、もうひとつが、設置者が国でなくなることになり、国の財政責任が軽視されることになるのではないかという点である。法人と大学を分離した法案は、このふたつの問題点をそっくりかかえ込むことになる。学校教育法は、「学校の設置者は、その設置する学校を管理し、……その学校の経費を負担する」(同法五条)として、設置者の経費負担原則を定めている。国立大学の設置者が「国」から「国立大学法人」に変われば、経費負担責任をもつのは第一次的には法人であって、国は第二次的にしかその責任を負わないということになってしまう。

つまり、法案第二条の分かりにくい条文は、法人を国立大学とは別に設立することで、国の財政責任を緩和し、その代わりに大学の自助努力を求めようとしているのである。

法案は、財政削減の行財政改革の一環として、国立大学に対する財政支出を削減しようとしているのである。国の財政支出が削減されるとすれば、国立大学の教育研究の質を犠牲にするか、あるいは学生授業料の引き上げによって必要経費を賄わざるをえないということになる。今でも十分に高い授業料負担がこれ以上上昇すれば、高等教育の機会均等原則が損なわれることは明らかである。

2 国立大学法人は、独立行政法人か?

国立大学の法人化は、これまでしばしば新聞などによって「独立行政法人化(独法化)」と呼ばれてきた。また、実際に、国立大学の法人化の起点は、行財政改革における行政組織の独立行政法人化政策や独立行政法人通則法(以下、通則法)の成立に求めることができる。

国立大学は、「独立行政法人」になるのであろうか。

この点についても長い間争いがあった。行政改革を進める勢力は大学を独立行政法人化することを当然と考えたのだが、大学側は、独法化には強い反発を示した。国大協は、当初、「独法化に反対」の意思表示をし、その後、「通則法のままの法人化には反対」とややトーンを下げた。国大協が文科省に押された結果である。

国大協が、そして多くの大学関係者が独法化に反対したのは、独立行政法人が、原理的には、非常に強い官僚統制のもとに置かれる制度だったからである。つまり、独立行政法人は、行政のうち「企画立案機能」と切り離された「実施機能」のみを担当する組織と考えられているために、独立という名を付されているものの監督官庁の強い支配権が及ぶ制度になっているのである。

例えば、法人の長は主務大臣が任命することとなっており、また業績の悪化などがある場合は大臣が法人の長を自由に解任することができるとされている。また、法人がなすべき仕事については、大臣が「中期目標」を与え、その目標を実施するための「中期計画」は法人がつくるものの、これも大臣の認可を受けなければならないとされている。さらに、大臣が任命する監事が、日常的な業務監査を行うとされているのである。これだけ見ても、いかに独立行政法人が監督官庁の強い監視と規制のもとに置かれているか了解されるであろう。このような独立行政法人の制度（通則法）が大学に適用されれば、「大学の自由」がなくなることは火を見るよりも明らかだ。学長を文科大臣が任命するとなったら、「大学の自治」の片鱗もなくなる。ましてや文科大臣が現職学長を解任する権限をもつなどとなったら論外である。文科大臣任命の監事が大学内に置かれるなどということも、常識的には、「大学の自治」を脅かす大いなる可能性があるということになるだろう。

そこで法案は、国立大学を「独立行政法人」ではなく、これとは別の法的なカテゴリーである「国立大学法人」を設定することにしているのである。法律も、通則法とは別個の国立大学法人法という体裁をとっている（法案第一条）。

しかし、この法案を精査すると、多くの通則法の規定が「準用」されていることが分かる（法案三五条）。さらに、通則法と法人法案とを対比してみると、若干の修正を含んで、通則法がほぼ全面的に国立大学法人に適用されることが明らかになるのである。のちに見る学長選考の手続きと中期目標に関する規定を除けば、通則法そのものは完全に貫徹することになる。前述の文科大臣任命監事の制度は法人法案にも再登場するのである。

つまり、通則法とは独立の法律をつくってみたものの、その内実は通則法の仕組みをほぼ完全に包摂する制度になっているのである。その意味で、「国立大学法人」を「独立行政法人」または「独立行政法人の一種」と呼んでも単純に誤りであるとはいえない。国立大学法人法案は、国立大学を独立行政法人のように「行政の実施機能担当機関」とすることになるのであろうか？

3　学長の任免

「学長の任命は、国立大学法人の申出に基づいて、文部科学大臣が行う」（法案一二条一項）

「全二項の規定により文部科学大臣が行う学長の解任は、当該国立大学法人の学長選考会議の申出により行うものとする」（法案一七条四項）

国立大学法人法案を独立行政法人通則法からかろうじて分けるひとつの点は、学長の任免について、大学法人の「申出」を必要とする（法案一二条、一七条）、とした点である。つまり、文科大臣は、学長を任命し、解任することができるが、大学法人内に設けられる「学長選考会議」という会議体の結論に従わなければならないということになる。「学長選考会議」が「大学の自治」の防波堤になっているわけである。

しかし、この「学長選考会議」は果たして本当の防波堤になりうるであろうか。法案によれば、学長選考会議は、「経営協議会」からの委員と「教育研究評議会」からの委員と同数で構成するのを本則として、これに学長や役員を加えることができるとなっている（一二条二項、三項）。まず、学長を選考する会議に現職学長や学長が任命する（ことになっている）役員が加わるのはいささか常識はずれである。学長の影響力が不当に拡大されることになる。

本則に戻れば、「経営協議会」からの委員とは、学外委員に限られている。学内の教員によって構成される「教育研究評議会」からの委員と同数の学外委員の発言権が確保されているわけである。こうした学長選考会議の意見は、たしかに、大学法人の意見とはいえるが、本来の大学構成員の意見という意味での大学の意見と質的に異なることになるだろう。教育研究の現場に携わる大学構成員の「学問の自由」こそが「大学の自治」の基礎をなしているとすれば、このような会議体による「申出」が本当の意味での「大学の自治」の防波堤になるか疑わしい。とくに解任に関してその危惧は強まる。

とくに、解任事由に、「業務の実績が悪化した場合」（法案一七条三項）という通則法の規定（通則法二三条三項）と同一の規定が入っていることは大きな問題を生む可能性がある。つまり、業務効率や財務などの実績の悪化という非学問的な理由が政治的な圧力の口実になりうるし、また逆にこうした規定は学長を経営効率重視に追いやる可能性をもっているからである。

いずれにしても、学長選考会議や大臣による学長任免の規定は、現在の国立大学でとられている民主的な選挙制度を脅かし、外部の圧力による大学支配に道を開くおそれがあるのである。

4 国立大学法人の運営組織

現在の国立大学では、学部や研究科などの部局に教授会があり、部局の人事や予算配分の決定は教授会によってなされている。そして、学部長や研究科長などの部局長は、教授会の選挙で選出される。大学の自治の根幹となっている「教授会自治」が運営組織の基礎になっているのである。

大学全体の運営は、各部局から選出される評議員（部局長と評議員）で構成する評議会で行われる。国立学校設置法では、評議会は大学全体の意思決定の機関として位置づけられており、教育公務員特例法も、学長の選考基準や教員人事の重要な決定（とくに解任や懲戒について重要な意味がある）を評議会の決定によるものとしている。つまり、教授会で選出された評議員で構成する評議会は、全学的な民主制的な意思決定機関であり、大学全体の運営組織は、ひとりひとりの教員の意思を基礎にした民主制的制度によって構成されているのである。国政に例えれば、評議会は国会（最高意思決定機関）であり、学長は評議会によって任命される総理大臣（執行機関の長）である。

法案は、こうした民主制的な運営組織を否定しようとしている。教授会や評議会で議論していては、迅速な決定、機動的な運営ができないというのがその理由である。もちろん、法案にも、法案の提案理由にもこんなことは書かれていないが、文部科学省がまとめた調査検討会議の「最終報告」には、そう書かれている。しかし、こうした理由は表向きの理由である。教授会や評議会の民主的な討議によって決定がなされないとすれば、それは決定しないこと自体が民主主義的な決定であるからなんの問題もないはずだからである。法案が民主制的な組織を否定するのは、実は、教授会や評議会が望まない決定を大学にさせたいからなのである。

（1）学長と役員会

「学長は、次の事項について決定をしようとするときは、学長及び理事で構成する会議（…「役員会」という。）の議を経なければならない。」（法案第一一条第二項）

法案における国立大学法人の意思決定のシステムは、著しく〝トップ・ダウン〟である。条文に明らかなように、大学運営における決定は学長個人がなしうることとされているからである。ただ、役員会の「議を経なければならない」となっているから、役員会がノーといった場合には、学長はその決定をすることはできない。つまり、学長と役員会が全学的な意思決定の権限をもつことになるのである。

では、役員会とはどんなものなのか。学長とともに役員会を構成する理事は、学長が任命し（法案一三条一項）、その数は、附則別表第一にそれぞれの大学法人ごとに二名から八名の間で定められている（法案一〇条二項）。現在の国立大学では、大規模なところで学長と二名から三名の副学長が置かれているだけだから、国立大学法人の「役員」数は大幅に増加することになる。これについては、天下りのポストを増やすだけだという批判もある。さらに、より重要な点は、理事と監事（役員会には入らない）について学外者を含まなければならないとされていることである（法案一四条）。財務や人事担当理事については、民間の経営専門家が就任する可能性が高いと見られている。つまり、役員会は、学外理事を含む大学の執行部なのであるが、法案一一条によれば、役員会は執行部であると同時に意思決定の機関である。まるで国会抜きに政府が取り仕切るような仕組みではないか。

法案が大学法人の意思決定を学長と役員会にゆだねたのは、今教授会や評議会にある権限を奪おうとしているからである。たとえ教授会や評議会が反対しようとも、これは役員会で決める、そうした体制をつくろうとしているのである。そして、前述のように学長選考や役員会に学外の影響が及ぶことになるから、学長・役員会の権限を強化するということは、大学外から大学運営をコントロールしようという意図によるものにほかならない。「大学の自治」をなんらかの意味において障害であると考えるひとびとが法案を立案していると言わざるをえない。

(2) 経営協議会

「国立大学法人に、国立大学法人の経営に関する重要事項を審議する機関として、経営協議会を置く。」(法案第二〇条第一項)

この条文案にある「経営」が何を意味するか必ずしも明確ではない。私立学校法などを参照すれば、それは主として資金・設備など財務的な事項を意味するであろう(私立学校法二五条一項、二六条三項)。法案では、中期目標・中期計画(これについては後述)の経営に関する事項、会計規程・役員報酬・職員給与の基準など、予算の作成・執行、決算、組織・運営に関する自己点検・評価などが、その審議事項として挙げられている(法案二〇条四項)。組織・運営など財務的な事項よりもやや広い規定になっているが、中心は会計・財務にあるとみてよい。教育研究に関する事項、いわゆる「教学」事項は経営協議会の権限範囲に入らない。

条文の「審議」は最終的な決定権限をもたないという意味であるが、学長・役員会は経営協議会の意思を無視して「経営」事項の決定を行うことはむずかしいであろう。つまり、経営協議会は、大学運営のなかの財務的な事項については実質的な発言力をもつことになる。

このような経営協議会が、学外委員が二分の一以上で構成される（法案二〇条三項）とされている点は重要である。つまり、国立大学法人の「経営」に関しては、学外委員の実質的な発言力が確保されることになる。学長が学外委員を任命する場合は、教育研究評議会（次項）の意見を聴かなければならない（法案二〇条二項三号）とされているから大学構成員の意思が無視されるわけではないが、「経営」を「教学」から分離し、前者を学外委員の影響力のもとに置くというこの構想もまた、大学の自治を否定する思想に立脚している。大学教員には経営能力がないとか、教員は管理業務から解放して研究・教育に専念してもらおう、といったようなことが主張されるが、ここでも真のねらいはそこにあるわけではない。ここでもまた、大学外から大学をコントロールしようとする意図が貫徹しているのである。

実際、経営と教学は密接に関連しており、切り離しがたい面がある。予算をどのように配分するかという問題は、教育・研究の方法や質に直接関係するし、教育・研究の分野構成をどのようにするかという問題は、予算の配分を抜きにして考えることはできない。「経営」を大学外の影響力のもとに置くということは、大学における教育・研究のあり方を学問の内在的な論理によってではなく、法人の経営効率や政府の政策的必要という外在的な論理によって決定する可能性を含んでいるのである。

（3）教育研究評議会

「国立大学法人に、国立大学の教育研究に関する重要事項を審議する機関として、教育研究評議会を置く。」（法案第二一条第一項）

「国立大学」の「教育研究に関する重要事項」つまり「教学」事項は、教育研究評議会で審議される。法案によれば、中期目標・中期計画・年度計画（これについては後述）に関する事項、学則等の規則、教員人事、教育課程、就学支援、入学・卒業・学位授与などに関する方針、教育研究に関する自己点検・評価に関する事項などが教育研究評議会の審議事項として挙げられている（法案二一条三項）。

まず、条文案で「国立大学」の教育研究事項とされている点に注意する必要がある。経営協議会が担当する「経営」事項は「国立大学法人」のそれとされているから、「経営」は法人、「教学」は大学と業務の性質が区別されているのである。しかし、教育研究評議会は国立大学法人の機関として設置されるので、制度的には、法人が研究教育も管理することになる。

教育研究評議会の構成は、現在の評議会とほぼ同様になると考えてよい。学長、理事（のうち学長が指名する者）、学部・研究科・研究所など部局長（教育研究評議会の定めによる）、その他職員（教育研究評議会の定めと学長の指名）によって、それは構成される。「教学」事項に関しては、学長・役員会は、教育研究評議会の「審議」結果を尊重しなければならないということになろう。つまり、法案は、上記のような狭義の教学事項については、「大学の自治」を認めようとしているといってよい。とくに、「教員人事」の項目は、これまでの論議の過程から見れば、教育公務員特例法の精神に準じて、教育研究評議会の事実上の決定権限が認められるべきだということになろう。

しかし、前にも述べたように、教学と経営は完全に分離しうるわけではない。具体的にひとつの問題がある。それは、この法案の審議事項のなかに「教育研究組織に関する事項」が存在しないことである。調査検討会議の「最終報告」ではこれが当然に教育研究評議会の審議事項になるとされていたので、この脱落は意識的なものと思われる。その結果、「学部、学科その他の重要な組織の設置又は廃止に関する事項」は役員会の審議事項（法案一一条二項四号）としてのみ記載されることになったのである。他方、前述したように、教育研究評議会の審議事項には、「組織及び運営の状況について自ら行う点検及び評価」が入っている（法案二〇条四項五号）。これらを総合すれば、経営協議会が組織の改廃についての意見を述べ（自己点検・評価）、役員会で決定を行うという筋が可能になる。

これは、きわめて重大な意味をもっている。教授会・評議会が決定権限をもっているので大学の再編統合や、学科、専攻などの研究教育組織の再編成がすすまない、というのが国立大学の法人化政策の決定的な動機のひとつだった。そうしたねらいが、法案には貫徹していると言ってよい。なお、法案の「概要」では学部、研究科、研究所などの設置・廃止は省令によるとされていたのであるが、部局を省令で規定する旨の規定も法案からは脱落している。同じ理由によるものと推測される。決定的な点で、「大学の自治」は無視されているのである。

5　文部科学省の統制——中期目標等

法人化によって「国立大学の自主性・自律性が高まる」というのが文部科学省の言い分である。マスコミの多くも、そうした基調で国立大学の法人化問題を報道してきた。しかし、本当に、国立大学の自主性・自律性が高まるのであろうか。そうであるとしたら、国立大学の側から強い批判が出されていることは理解することができない。

実は、法人化によって、国立大学に対する国家的な統制は強まることになる。それが端的に表れているのが、中期目標・中期計画などの仕組みである。

(1) 中期目標と中期計画

「文部科学大臣は、六年間において国立大学法人等が達成すべき業務運営に関する目標を中期目標として定め、これを当該国立大学法人等に示すとともに、公表しなければならない。これを変更したときも、同様とする。」(法案第三〇条第一項)

この条文案で「国立大学法人等」となっているのは、法案が対象としている大学共同利用機関を含んでいるからである(以下、国立大学法人として叙述する)。ここに明らかなように、文部科学大臣が国立大学法人の仕事の目標を決めるということになっている。

「中期目標」に定められるのは、以下の事項である(法案三〇条二項)。

——教育研究の質の向上に関する事項
——業務運営の改善及び効率化に関する事項
——財務内容の改善に関する事項
——教育研究および組織・運営に関する自己点検・評価、情報の提供
——その他業務運営に関する重要事項

ここで最も重要なのは最初の「教育研究の質の向上」であろう。文部科学大臣が、教育研究のあり

方そのものを指示することになりかねないからである。憲法に定める学問の自由や大学の自治と正面から衝突することを、それは意味する。また、教育基本法一〇条にも違反する。教育基本法のこの規定は、教育に対する「不当な支配」を排除すること、教育行政が教育内容には介入せず、条件整備に自己の役割を限定しなければならないということを定めている。つまり、教育研究の世界に「中期目標」という文部科学大臣の指示を持ち込むことは憲法、教育基本法に反するだけでなく、常識的に考えても驚くべきことなのである。

では、なぜそんな非常識なことが法案に入っているのだろうか。実は、国立大学法人法案そのものが、もともと大学の教育研究に関する法律として議論されたのではなく、一般の行政活動に関する独立行政法人制度の適用問題として議論されてきたことに、その原因がある。一般の行政活動には、「大学の自治」のように政府や行政からの独立性を特別に保障しなければならないという理由がない。後で見るように、法案がそうした独立行政法人制度（法律は独立行政法人通則法）の基本的な枠組みを採用したためにこのようなおかしな規定が入ることになってしまったのである。

しかし、文部科学大臣が中期目標を定め、これを大学に与える、という制度はだれが見ても大学にはふさわしくない制度だった。そこで、調査検討会議は、国立大学が「原案」をつくって、文部科学大臣がこれに基づいて定めるという方式を考えていた。実質、大学がつくって、形式的に大臣がこれを承認するというのが、そこで想定されていたことだった。

法案は、つぎのような規定をおいている。「文部科学大臣は、…あらかじめ、国立大学法人等の意見を聴き、当該意見に配慮するとともに、評価委員会の意見を聴かなければならない」（法案三〇条三項）。

この規定は、上述のような議論のなかから出てきたものであるが、法案策定の過程でずいぶん当初の考え方から後退している。「原案」はより弱い「意見」になり（これについては同等という見方もありうる）、当初「尊重」だったのが「配慮」という弱い表現に変わった。こうした文言の変化は、大学のつくる原案の拘束力が弱められ、文部科学大臣の裁量的な決定の度合いが高まったことを意味する。実際のところはどうなるのか。大学と文科省の意見が一致している場合は問題ない。問題は、両者が対立した場合である。法案は、こうした場合に文部科学大臣の意思を通すことを可能にしているのである。大学は、その意に反して、大臣の目標を押し付けられるということがありうるのである。大学は、文部科学省という官庁に従属した存在になるだろう。法人化が「国立大学の自主性・自律性を高めるものではない」ということがこれだけでも明らかである。

文部科学大臣が「中期目標」を各国立大学法人ごとに定めると、国立大学法人は、この目標を実行するための「中期計画」を作成する。中期計画を作成するのは、今度は大学の側であるが、しかし、この計画は大臣の「認可」が必要になる（法案三一条一項）。「認可」が得られるためには、大学は予め文科省の了解が得られるような計画を立てなければならないだろう。これでは、「自主性・自律性」どころか、文科省が〝手取り足取り〟ということにならないか。

中期計画には、中期目標の事項のほか、財務に関しては予算、収支計画・資金計画、短期借入金の限度額、剰余金の使途などを書き込むことになっている。これらの事項を大学が作成することになっているということを理由に、文科省は、「予算、組織等の規制は大幅に縮小し、大学の責任で決定」＝「自律的な運営」と喧伝している（文科省ＨＰ国立大学法人関係六法案の概要）。しかし、計画は「認可」という監視のもとにあるだけでなく、文部科学大臣は、中期計画が「不適当となったと認めるとき」その変更を命令できることになっている（法案三一条四項）。中期目標・中期計画の制度全体をつうじて強い国家的統制が覆っているのである。

（2）年度計画と中期目標期間終了時の検討

法案は、独立行政法人通則法の規定を大幅に「準用」している（法案三五条）。国立大学法人法案は、通則法の規定を満たした上で、大学に固有の問題について付加的な規定を置くという構造になっているのである。通則法の規定は、いわば法人法案にとっての十分条件ではないが、必要条件になるという構造になっている。したがって、法案の「第三章中期目標等」には二か条しか定めがないが、その他の目標・計画に関するシステムはすべて通則法によって規定されることになる。

準用される通則法の規定によれば、国立大学法人は、毎年度「年度計画」を作成して、これを文科大臣に届け出るとともに公表しなければならない（通則法三一条準用）。さらに、毎年度、文科省の評価委員会による評価が実施され、評価は総務省の評価委員会（「審議会」）に通知されるとともに公表される。このさいに、文科省の評価委員会は国立大学法人に対して「勧告」を、「審議会」は評価委員会に対して「意見」を出すことができる（通則法三二条準用）。年度計画と評価のために膨大な資源が費やされるおそれがある。

中期目標期間（六年間）の終了時には、本格的な評価が行われ、国立大学法人の事業の改廃を含む検討が行われる。すなわち、国立大学法人は、中期目標期間終了時に、この期間の業務実績に関する「事業報告書」を提出・公表し（通則法三四条準用）、評価委員会の評価を受ける。評価委員会の評価は、中期目標の達成状況を含む総合的評定となる（通則法三四条準用）。文科大臣は、この評定に基づいて、国立大学法人の「業務を継続させる必要性、組織の在り方その他その組織及び業務の全般にわたる検討」（通則法三五条一項）を行う。つまり、国立大学法人の存続、改廃まで視野に入れた検討が行われるわけである。他方、総務省の「審議会」も文科大臣に対して、「事業の改廃」に関して「勧告」することができることになっている（通則法三五条三項準用）。

もともと独立行政法人通則法制定のさいに、行政改革の観点から、「独法化」だけでなく、独法化後の「民営化」も見通しておくべきだという議論があった。そこで、通則法三五条の「中期目標期間終了時の検討」には、「事業の改廃」つまり「民営化」の検討を含むことになったのである。もちろん単純な廃止もありうる。こうした通則法の仕組みが国立大学法人に適用されるわけである。

「遠山プラン」以来、すでに国立大学の再編統合の政策がすすめられてきた。中期目標期間終了時には、もう一度、統合再編や大学内部局の再編・改廃の波が押し寄せる可能性がある。これは、国立大学法人に対する強いプレッシャーとなるだろう。中期目標と中期計画、年度計画と評価、評価ごとに行われうる勧告などを通じてなされる、政府のプレッシャーに対して国立大学法人はよく抵抗することができるであろうか。国立大学法人法案は、国立大学に対する強権的な統制のメカニズムを内蔵しているといってよい。

6　国立大学法人の財務――「企業会計」と統制

財務・会計に関する通則法の規定は、すべて国立大学法人法案によって準用されている。「企業会計原則」（通則法三七条準用）に則って財務諸表を作成し（同三八条）、会計監査人の監査を受ける（同三九条）ことになる。したがって、国立大学法人の会計には、「利益」、「損失」、「余裕金」といった概念が登場することになる。これまでの国立大学の財務が知らなかった観念である。

「企業会計原則」の採用は、いうまでもなく国立大学法人を財務的に独立した一個の事業体とみなして、独立採算ではないが、収支バランスを目に見えるようにしようというわけである。また、損失を繰り越したり、利益を積み立てたりすることを可能にすることで単年度主義の硬直的な予算制度から免れることができるとされてきた。これが、法人化による大学の「自律性」の最大の目玉として言われてきたことであった。

法案はさらに、通則法の規定に加えて、長期借入や債券発行を可能としている（法案三三条）。通則法では、個別法で規定する場合のほかこうしたことはできないとされているから、法人法案は、通則法の一般準則以上に〝企業化〟の方向に踏み出しているといえる。このような企業的財務が大学という組織にふさわしいのか、という根本問題が存在している。

しかし、一部に誤解があるように、これで国立大学法人の財務運営が非常に自由になるというわけではない。むしろ、細かな官僚的規制が張り巡らされており、財務省の監視も及ぶことになる（財務大臣との協議：法案三六条）。

（1）運営費交付金

現在の国立大学の基本的な運営経費は、国立学校特別会計から校費として配分されている。この校費にあたるものと人件費とが国立大学法人の「運営費交付金」として交付されることになっている。

運営費交付金の基準は未だに確定していないが、法律の上では、通則法の財源措置（通則法四六条準用）がこれに対応する規定になる。国立大学法人の企業会計においては、これも収入のひとつになることになる。そして、運営費交付金以外の収入、すなわち授業料収入やその他の自己収入を増やすように努力してほしいというのが、企業会計原則の考え方である。

通則法四六条によれば、政府は「予算の範囲内において」、「業務の財源に充てるために必要な金額の全部又は一部に相当する金額を交付する」となっており、交付金の金額はきわめて不確定なかたちで規定されている。国立学校特別会計法が廃止され（関係法律の整備に関する法律案二条）、またこれまでの議論のなかで評価を資源配分に反映するとされてきたから、運営費交付金の水準が不安定になり、予算配分に文科大臣の裁量が入る可能性がある。運営費交付金の水準が低く設定され、いわゆる競争的経費の配分に重点が移れば、国立大学法人は、基礎的な教育研究の質を下げるか、運営費交付金以外の自己収入を増やす努力をしなければならないことになる。

国立大学が資金獲得に奔走しなければならない時代、そんな時代を迎えることになる。

(2) 積立金、剰余金——収益へのインセンティブ

通則法の仕組みによれば、年度末に利益が生じた場合には、まず繰越の損失（これがある場合）を埋め、なお剰余がある場合にはこれを「積立金」とすることになっている。積立金のうち、主務大臣の承認を受けてその全部または一部を中期計画に掲げている「剰余金の使途」に用いることができる。ここで、大臣の承認が必要であり、中期計画自体が「認可」を要するものであったことを想起しておこう。国立大学法人の財務的自律性は、周到な後見的な官僚的規制のもとに置かれている。

法人法案が新たに規定しているのは、中期目標期間の最後の年度に「積立金」がある場合である。法案は、この積立金のうち文科大臣の承認する額を次期の中期目標期間の業務の財源に充てることができるとしている（法案三二条一項）。大臣の承認しなかった残余は国庫に返納される（法案三二条三項）。

つまり、国立大学法人が経営の効率化と自己収入の拡大を通じて「利益」を上げること、そのためのインセンティブがこの積立金と剰余金のシステムにほかならない。それは、徐々に国庫からの支出を削減し、国立大学法人独自の収益のための活動を拡大させるという結果に導くことになろう。

（3）長期借入と債券発行——大学経営の「企業化」

法案三三条は、土地の取得、施設の設置・整備、設備の設置のために、文科大臣の認可をうけて長期借入をし、または債券を発行することができるとしている（同条一項）。また、そのほかに「政令で定めるものの償還」に充てるためにも長期借入、債券発行をすることができる（同条二項）。

いったいどのような目的で長期借入・債券発行がなされることになるのか現在の時点ではよくわからない。実際、調査検討会議の「最終報告」や「法案概要」ではこうした条項は想定されていなかった。閣議決定された法案で突如挿入されたのである。文字通り通常の大学の施設・設備なのか、あるいは産学連携のための設備や投資（法案二二条一項六号参照）まで含むのか不明であり、少なくとも大学側に具体的な構想はまだないといってよいであろう。

しかし、いずれにしても、国立大学法人が長期借入をしたり、債券発行をするということになれば、国立大学法人はそれを償還するためにコンスタントに収益を上げなければならない。大学経営の「企業化」は限りなく深化するということになるであろう。資本市場において大学が普通の企業と競争する、という事態が現出するのである。それは、大学における教育と研究をビジネスの素材にすることにほかならない。そして、そのような国立大学法人には、企業財務の専門家が役員として配置されることになる可能性が高い。さらに、債券発行が銀行や信託会社に委ねられれば(同条六項、七項)、「債券管理会社」としての銀行・信託会社の経営に対する発言権も強まるであろう。文科大臣の「認可」という官僚統制のもとでの大学の「企業化」という奇妙な事態が現出する。

大学「経営」が全体としてそのような論理によって支配されることになれば、大学の基礎科学研究や人文科学の衰退を招き、大学の大学としての存在意義が失われかねない。

7　非公務員化と教育公務員特例法

(1) 非公務員化とはなにか

国立大学の職員は、「別に辞令を発せられない限り」「国立大学法人等の職員となる」(法案附則四条)。ただ、職員の身分は、公務員でなくなる。「国家公務員としての身分を失ったことを……任命権者の要請に応じ……退職したこととみなす」(同五条)。つまり、雇用は継続するが、公務員身分は失われるということである。「非公務員化」といわれている。なお、身分の承継に関しては、非常勤職員の雇用保障という未解決の重要な問題がある。

国立大学の法人化に関して「非公務員化」が決められたのは比較的新しい。当初から国立大学の法人化は「公務員型」で行われると考えられてきたのである。昨年二月頃から突然「非公務員化」の線が浮上し、三月の調査検討会議「最終報告」でこの方向が固まったのである。なぜ非公務員化なのか？

非公務員化によって、国立大学職員の国家公務員法上の「身分保障」はなくなる。ここで身分保障というのは、法律や人事院規則で定められた場合以外は、降任・休職・免職されないということを意味する（国家公務員法七五条）。公務員が公正に職務を遂行するために不当な政治的圧力によって解雇されたりしないようにするというのがその趣旨である。現在、労働基準法改正によって解雇ルールを明確化するという動きがある。これには、ルールを守れば解雇しやすくなるという面もある。国立大学法人の労働関係は民間並みになり、職員の雇用上の地位は大きく揺らぐことになるであろう。

非公務員化の第一の理由は、国立大学法人の業務の合理化・効率化をすすめたり、中期目標期間終了時に国立大学を再編淘汰するために、公務員法上の身分保障は障害になるということであろう。

第二には、産学間連携のための任期制雇用や民間企業との人事交流をすすめる上で好都合だということである。兼業もそのひとつであろう。要するに、非公務員化によって民間企業のようにフレキシブルな人事管理が行えるというわけである。

第三は、教員についての教育公務員特例法の適用を排除しうることである。これについてはのちに再論する。

以上、いろいろな観点から見て、政府サイドからみれば非公務員化のメリットが大きい。これが非公務員化の理由であろう。他方、非公務員化によって、採用が自由になったり、総定員法の枠を外れるという楽観論も一部にある。しかし、人件費を含む運営費交付金は毎年削減されるとみられているから、これまでの定員削減は事実上つづくとみるべきである。また、現在でも多い非常勤職員やパート、派遣などの不安的な雇用は増えつづけることになるであろう。

(2) 教育公務員特例法の適用除外

国立大学教員が公務員でなくなれば、教育公務員特例法の適用はなくなる。しかし、それだけでなく、整備法案は、教育公務員特例法自体の大幅な改正を企図している。

教育公務員特例法は、大学教員の身分的な独立性を保障することによって、教育の自由と学問の自由を担保しようとしている。教育基本法が教育を不当な圧迫に屈するべきでないとした精神(教育基本法一〇条)を具体化する方策のひとつでもある。教員の採用・昇任は教授会の決定に基づいて行われることとされ(教育公務員特例法四条)、転任や降任、免職については評議会における厳格な審査手続きが規定されている(同五条、六条)。つまり、大学教員は公務員ではあるが、一般の公務員のように任命権者の意思によって任用・免職等がなされるのでなく、大学の教授会や評議会という教員仲間の自治的な組織にその決定がゆだねられているのである。その意味では、教育公務員特例法の規定は、大学の自治を支える制度の根幹でもある。

整備法案六条は、教育公務員特例法を大幅改正し、「国立学校」、「国家公務員」という用語はすべて削除する(なお、整備法案二条で国立学校設置法は全面廃止となる)。改正教育公務員特例法二条の「教育公務員」の定義は、「地方公務員のうち学校教育法…に定める公立学校の学長、校長、教員…」となる。したがって、大学における教員の身分保障手続きも、法律上は公立大学にのみ適用されることになるのである。また、現行第三条の国立学校の学長、教員等は国家公務員の、公立学校の学長、教員等は地方公務員の身分を有するという規定も削除される。論理的には、公立学校の学長、教員等が自動的に地方公務員となるわけでなく、また地方公務員である公立学校の学長、教員等のみが教育公務員特例法上の「教育公務員」とみなされるわけである。国立大学と同様に、公立大学が法人化され、非公務員型である場合には、公立大学の教員にもこの法律は適用されないことになるのである。

まとめていえば、教育公務員特例法は、地方公務員である教員のみを対象とする法律になり、大学教員の独立性を保障する機能は著しく減退するおそれがある。国立大学についていえば、トップ・ダウンの経営執行部の意思によって産学官連携のための組織再編を迅速に行う、そのさいに障害となる教育公務員特例法の身分保障手続きを排除したい、というのが法案の考え方である。なお、法案には、「教員人事に関する事項」を教育研究評議会の審議事項とする規定がある（法案二一条三項四号）。この規定が教育公務員特例法に代替する機能を果たしうるか現時点ではなお不明である。また、教員人事に関する学内規則を整備することで、ある程度の防波堤をつくることはできるが、教育公務員特例法のもっている社会的機能にそれは代替することはできない。

Ⅱ　Q&A　国立大学法人法で大学はどうなる

千葉大学　小沢　弘明

Q1

国立大学法人法で国立大学の自主性・自律性は強まるのか。

A

法人法で、大学の自主性、自律性が強まるといった見方が一部にあるが、それはまったく幻想であり、国立大学の自治や自主性・自律性が著しく弱められることになる。その理由は、独立行政法人という制度の趣旨や「大学の構造改革の方針」（遠山プラン）の意図から明らかである。

まず、国立大学法人法は、独立行政法人通則法をほぼそのまま大学に転用したものであることを確認しておこう。つぎに、独立行政法人通則法の趣旨をみると、これは行政の企画立案部門（主務省＝頭）と実施部門（独立行政法人＝手足）を分け、定型的で大量反復的な業務をおこなう手足をアウトソーシングしたうえで、効率的に動かすための制度である。そのため、この制度は手足が頭とは別個に自主的かつ自律的に動くことを想定していない。独立行政法人は、実際は独立しておらず、皮肉をこめて「非独立法人」とか「従属行政法人」と呼ばれるのはそのためである。

つぎに、法人法のもうひとつの背景である遠山プランをみてみよう。遠山プランは、日本の産業競争力強化のために大学の知的資源を総動員することを目的としている。ここで大学に求められているのは二つ、新産業の創出と即戦力技術者の大量養成である。新産業の創出ということでいえば、重点四分野（IT、環境、バイオ、ナノテク）に大学の資源を重点的に振り向けることが求められている。また、企業社会が求める人材を育成するため、大学教育の内容までそれに合わせることが求められている。これらは、いずれも日本経済活性化のために国策として大学の研究と教育を動員することを意図している。政府の文書にみられる「産官学総力戦」ということばは、この目的を明確にあらわしているだろう。

こうした状況のなかで、大学の自主性・自律性が働く余地はほとんどない。政府が大学の教育と研究の内容を指示するという制度は、第二次世界大戦前の日本にも、また諸外国にも例がないのである。

Q2 国立大学法人法で、国立大学の個性化は本当に進むのか。

A はじめに考慮に入れておかなければいけないのは、現在の国立大学は相互に条件が大きく異なり、その個性を十分発揮することができないということである。その前提となっているのは、財政規模と文部科学省による格付けである。

国立大学の予算規模は、たとえば首位の東大でおよそ二〇〇〇億円、千葉大で三〇〇数十億円、高知大で八〇億円程度と言われている。こうした予算は、設置年度順に文部科学省が定めた格付けに規定されている。これは「旧帝大」（東大ほか七大学、以下数字は統合前の国立大学数を基礎としている）、「旧官立大」（広島大ほか九大学）、「新七大」（鹿児島大ほか六大学）、「部制大」（山口大ほか四一大学）、「その他大」（島根大ほか三〇大学）という順序にしたがい、厳格な位階制にもとづいている。従来、この前近代的な（封建的な）格付けにより、学長の給与さえ格差が付けられていた。学生定員数や職員数からみても、予算規模の違いは顕著である。

こうした階層格差は、一九九一年の大学（院）設置基準の大綱化以後、一部の大学（旧帝大プラスアルファ）で大学院重点化が進んだため、一層顕著となっている。科研費や産学連携等研究費など、競争的研究費の配分額も大きく異なっている。日本の国立大学は、このような格差のなかで、文部科学省の財政誘導に支配される傾向が強かったといえる。

現在予定されている法人化は、こうした格差を固定・拡大する結果をもたらすと考えられる。まず、封建的な格差は大学の種別化によって拡大される。すでに中教審や大学審議会では、研究重点大学、高度職業人養成大学、教養教育重視大学などの種別化が前提とされており、たとえば地方大学が研究重点大学を志向したり、旧帝大が教養教育重視大学となる、といった事態は想定されていない。競争条件の違いがあるなかでは、真の個性化は進まず、かえって国立大学の階層化を促進するだけであろう。

Q3 国立大学は国民の税金によって運営されているのだから、国が関与するのは当然ではないのか。

A

国立大学は国費によって運営され、公立大学は自治体と国が費用を負担し、また私立大学は建学の理念に沿って独自財源と国からの私学助成によって運営されている。私立大学を設置する学校法人が公益法人という性格をもっているように、設置形態の違いはあっても、高等教育には国の補助が欠かせない。それは教育は本質的に公共的なものであり、「社会的共通資本」と呼びうるものだからである。また、大学は公共財、人類共通の国際公共財であって、個別利害や特定の利潤追求のために存在するものではない。

そのため、国が関与するのは、高等教育を十分展開できるような条件を整備することに限られ、時の政府が進める国策を遂行するために、大学の運営や教育や研究の内容に介入することは厳しく戒められる。しかし、現在の政策は、条件整備を十分に行うことなく、私立大学を含めて大学に対する個別統制を強め、国策遂行のために大学の人的資源、知的資源を利用しようとするものになっている。

Q4 大学に対する社会の評価や認証は必要なのではないか。

A

評価は必要である。高等教育の質は、教員の教育や研究、職員、学生、建造物、施設、器材、地域社会へのサービスを含めて評価されなければならない。大学が普遍的価値を促進しつつ、少数者や障碍者を支援し、女性の高等教育へのアクセスを拡大し、性差や年齢による差別を克服するための努力を行っているか、貧困や差異を理由として高等教育への受け入れを制限していないか、貧困、不寛容、暴力、飢餓、環境汚染および病気の根絶などを目的とした活動を行っているか、などが検討されなければならない。これらは、ユネスコの高等教育世界宣言（一九九八）にもうたわれている、大学がもつべき基本的機能である。

評価や認証が行われるのは、何よりも高等教育の質を高めるためである。すでに大学では自己評価や相互評価のシステムが導入されているが、それはいっそう社会に開かれたものにしなければならないだろう。学生や市民が大学のあり方をモニターし、運営に意見を述べる制度を充実しなければならない。また、国立・公立・私立の別をこえた大学の認証のために大学基準協会も存在し、相互の認証を通じて質の向上のための努力を行っている。

評価は必ずしも数字で測ることのできる定量的なものではなく、定性的なものである。また、評価は向上を促すためであって、競争によって敗者を作り出すためではない。また、評価は国から独立した真の第三者機関によって行われなければならない。評価のための評価、資金配分のみを目的とした評価、教育と研究の質を落とすような評価が行われてはならないのである。

Q5 教職員の非公務員化は何を意味するか。

A

有馬元文部大臣は、一九九九年に国立大学の「独立行政法人化の検討の方向」を出し、独立行政法人化を容認する政策転換を行ったとき、「公務員型なら」と述べたといわれる。もともと、独立行政法人には特定独立行政法人(公務員型)と非特定独立行政法人(非公務員型)があるが、現在の独立行政法人のほとんどは公務員型である。特定であれ非特定であれ、国家公務員の総定員法からはずれ、国家公務員でなくなることに変わりはない。非公務員化は、二〇〇一年末から二〇〇二年三月にかけて、突如として提起された。

国立大学の教職員の非公務員化の背景は三つある。教員と職員とに分けてみてみよう。第一に、教員については、構造改革論の一環として、兼業を可能とし、大学発のベンチャー・ビジネスを起こし、「産官学融合」を推進することが目的である。勤務時間を分けて、民間企業の役員をつとめることも容易になる。これは、「日本にシリコン・バレーを一〇個つくる」「大学発のベンチャーを一〇〇〇社つくる」といった遠山プランの数値目標の達成のために使われることになる。

それと同時に教員の非公務員化には隠された第二の意図がある。非公務員化すれば、教育公務員特例法を適用せずにすみ、教員の身分保障をはずすことができる。これは、教員の身分を不安定にし、競争の中に投げ込むことを目的としている。任期制も大幅に導入し、教員の雇用を流動化させることも計画されている。戦前・戦中の反省をもとにした教育公務員特例法を形骸化させれば、トップダウンの運営が思うようにできる、というわけである。

第三に、職員については当初非公務員化という議論はなかった。しかし、公務員制度の改革論議をにらみながら、大学事務の外部委託やパートタイム労働、賃下げを目的としたワークシェアリング、成果主義賃金の導入を推進するために、職員も非公務員化するという政策が取られるようになった。

Q6　法人法で非常勤職員はどうなるのか。

A　国立大学では、国家公務員数の一〇次にわたる定員削減の結果、大学の教育・研究を支援する職員の数が大幅に減った。これを補完するために、きわめて多くの非常勤職員（日々雇用職員、時間雇用職員など）が雇用されている。東京大学では、全東大職員数一万四〇七六人に比し、六六二三人を占めている。こうした人々は長期にわたって大学職員としての業務を担い、専門的な知識をもって大学の運営にあたっているが、つねに雇用不安の状況に置かれている。しかも、非常勤職員の給与はおおく「物件費」という名目で支払われている。
法人化によって運営費交付金が定められるが、文部科学省は人件費の割合を統制するとのべており、非常勤職員の給与をどう支払うのかが危ぶまれている。また、法人化によって経費の圧縮を迫られているため、現在多くの独立行政法人や国立大学で非常勤職員の「雇い止め」という名の解雇が進んでいる。教員についても非常勤講師の削減や給与の引き下げが現実に起こっている。

Q7 大学の企業化で、大学はどうなるのか。

A

政府は、大学を日本経済の再建のための「打ち出の小槌」とみなしており、いっそうの企業化を進めようとしている。国策に沿った重点分野に資金が投下されるいっぽう、基礎科学や人文・社会科学のように、短期的成果が望めない分野では、すでに貧困な教育・研究条件がさらに悪化するだろう。

研究重点とされた大学では、ＴＬＯ（技術移転機関）やインキュベーション・センター（技術の産業化を孵化させる機関）が設立されつつあり、特定企業と包括的な技術提携を結ぶ大学もあらわれている。地方大学でも、政府の「知的クラスター創成事業」の一環として地場産業との協力が求められている。「知的財産権」を防衛・拡大するために、大学の知の公開性は失われ、特許が成立するまで、あるいは企業が認めるまで論文の公表はできない、という事態も現実化しつつある。

大学内でも、予算が取れる、あるいは企業の役に立つ分野に、物的・人的資源を集中することになる。そのために、基礎科学や人文・社会科学の人員を減らしたり、流動化人員というかたちで大学が人員をプールし、機動的かつトップダウンで動かす、という計画も進んでいる。

教育についても、ＪＡＢＥＥ（日本技術者教育認定機構）にように、工学・農学・理学などの技術者認定を目的に、企業の人材戦略に合わせて、大学の教育課程や研究設備を評価することも行われている。これはカリキュラムや試験内容にも及んでおり、大学版の学習指導要領の機能を果たすのではないか、といわれている。

Q8　授業料が跳ね上がる恐れはないのか、奨学金はどうなるのか。

A

すでに日本の国公立大学の授業料は世界で最も高い。日本の高等教育費の対GDP比は〇・五％で、OECD加盟諸国で「最も小さい」（文部科学省『教育指標の国際比較』二〇〇三年版）。法人化すると、学生納付金（授業料・入学料など）は各法人の収入となるため、財政基盤が弱い法人は授業料を上げざるをえない。文部科学省は、現在の授業料の三〇％増までの幅で値上げを認める、といわれており、そうなれば授業料は年額七〇万円をこえる。

旧経済企画庁の教育経済研究会の報告書によれば、現在の私立大学にたいする国庫助成の割合をそのまま国立大学に適用すれば、文科系の学部で一三〇万円、医学・歯学系では四〇〇万をこえると試算されている。もとより、運営費交付金の額によっては、すぐさまこの額に値上げされるわけではないが、学部別授業料の導入はすでに各大学で検討されている。

また計画されている法科大学院（ロースクール）では、授業料の上限は設けないといわれており、現実に私立大学のロースクールでは二〇〇万円から二五〇万円の授業料を予定しているといわれる。国立大学法人ではどの程度を予定しているのか不明であるが、いずれにせよ大学内で大幅な授業料格差が生じるであろう。

政府は、授業料について「受益者負担」「自己負担」という原則を強調しており、関連して日本育英会の廃止も予定されている。これは、長期的には学費を民間の教育ローンの借入に委ねるという政策の一環である。奨学金返還の免除についても、原則的にこれを廃止し、「特に優秀な」大学院生にのみ認めるという条件を付している。これは奨学金（スカラーシップ）の名に値せず、競争的ローンの性格をもつということができる。

Q9 国立大学の法人化は、公立大学や私立大学にどのような影響を及ぼすか。

A 今回の法人化の大前提のひとつである遠山プランは、公立大学や私立大学も対象としている。すでにトップ三〇（二一世紀ＣＯＥ）という選別政策は始まっている。また、「再編統合」「選別と淘汰」という政策は、全国で公立大学の統合というかたちで進んでいる。国立大学の教員が教育公務員特例法の適用対象からはずされることにともなって、これまでその規定を準用するかたちで守られてきた私立大学の教員の身分も不安定なものとなる。

また、法人法にみられるトップダウンで経営優先の大学運営方式は、私立大学における理事会と教授会との関係にも大きな影響を及ぼすであろう。さらに、文部科学省は私立大学に対する直接補助や、国家による大学認証制度の導入によって、私立大学に対する統制権限を強化している。国立大学法人における統制のメカニズムをみれば、こうした傾向はいっそう強まると考えられる。

すでに横浜市立大学の「あり方懇」の答申などをみれば、大学の自治への野蛮な介入が現実のものとなっており、国立大学法人法の帰趨は、日本の高等教育全体にかかわるものとなっている。

Ⅲ　遠山プランと「産官学総力戦」

千葉大学　小沢　弘明

遠山プランの思惑

現在、文部科学省は国立大学法人法案を行財政改革の一環ではなく、大学改革の一環であると説明している。公務員の削減を目的として始まった独立行政法人化問題は、大学改革の問題に変わったのだ、だから賛成すべきだ、というのである。では、遠山プランのいう「大学改革」とはいったい何を目的にしているのだろうか。

二〇〇一年五月一一日に、参議院本会議で小泉首相は次のように述べた。

「国立大学でも民営化できるところは民営化する、地方に譲るべきものは地方に譲るという、こういう視点が大事だというように私は思っております。」おりしも、構造改革を目的とした「産業構造改革・雇用対策本部」に向けて、経済産業省では、大学を新産業創出のために利用しようとする「新市場・雇用創出に向けた重点プラン」（平沼プラン、二〇〇一年五月二五日）が策定されようとしていた。イノベーションの基盤を整備し、戦略基盤・融合技術分野に資金を重点投入する「産官学総力戦」（同プランの用語）が目指されることになったのである。

それまでの独立行政法人化をめぐる議論を踏み越えた、民営化と地方移管という小泉発言を受けて、文部科学省は対応を迫られることになった。省庁のつねとして、別の省に権限の領域を犯されることへの不安、構造改革予算として文科省予算を確保するという思惑もあったであろう。二週間後の六月一一日には、文科省は「大学（国立大学）の構造改革の方針」（遠山プラン）を急ぎまとめ、同日午後の経済財政諮問会議に報告した。その柱は三つある。

一、国立大学の再編・統合を大胆に進める（↓スクラップ・アンド・ビルドで活性化）

二、国立大学に民間的発想の経営手法を導入する（↓新しい「国立大学法人」に早期移行）

三、大学に第三者評価による競争原理を導入する（↓国公私「トップ三〇」を世界最高水準に育成）

さらに、そこでは、特許取得数を一〇年で一五倍、特許の企業化を五年で一〇倍、企業から大学への委託研究費を五年で一〇倍、大学発ベンチャーを一〇〇〇社に、などといった数値目標が掲げられていた。遠山プランの数値は、すでに平沼プランで示されていたものを真似したり、目標の数値をいくぶん高めに設定するといった、独自性に乏しいものであった。実質的に、遠山プランは平沼プランを「丸呑み」したのである。この「知の企業化プラン」によって、大学は高等教育政策の観点ではなく、いまや経済政策・産業政策の一環として扱われるようになった。

「産官学総力戦」の前提

一九九五年の「科学技術基本法」の制定以来、日本の産学連携は急速に進展してきた。日本経済の再生という国策に向けて「官」が仲立ちをする「産官学」という形態である。産官学連携元年とも言われる九八年には「大学等技術移転促進法」（ＴＬＯ法）が制定され、「研究交流促進法」の改正によって、民間との共同研究のために国有地を廉価で使用できるようになった。九九年の「産業活力再生特別措置法」（日本版バイ・ドール法）、二〇〇〇年の「産業技術力強化法」によって、企業の委託研究が弾力化されて受託研究に係る知的財産権を企業に一〇〇％帰属させることが可能となり、国立大学教官の企業役員兼業が緩和された。遠山プランは、こうした流れの中にある。国立大学の法人化によって、兼業をさらに促進し、学長権限の強化と民間的な経営手法によって、重点四分野への人と金の重点配分を可能にする、などがその目的となっている。

なにより遠山プランは、大学の将来像、高等教育のグランドデザインという観点からみて、「唐突であり、強圧的であり、そして財政経済面の視点に偏りすぎている」（『毎日新聞』社説、二〇〇一年七月二九日）のである。

遠山プランと大学改革

経済財政諮問会議の「経済財政運営と構造改革に関する基本方針二〇〇二」（二〇〇二年六月二五日閣議決定）という文書をみると、大学改革は「選択と集中」「民業拡大」による産業競争力強化と市場の創造を目的とした六つの戦略の中核に位置づけられている。「人間力戦略」には、国立大学の法人化やIT、ライフサイエンス等新分野の人材育成の倍増が含められ、「技術力戦略」では重点四分野への資源の集中と大学発ベンチャーの拡大、知的財産権の創出と「戦略的保護」が、「経営力戦略」においては起業促進がスローガンとなっている。くわえて、「産業発掘戦略」には重点四分野の新技術開発と市場化が、また「地域力戦略」には大学を核として企業等を集積する「知的クラスター創成事業」が、そして「グローバル戦略」には頭脳流入（輸入）による競争力強化がうたわれている。要するに、日本経済の再建はあげて大学の双肩にかかっているというのである。

企業側の期待もあまりに高い。日本経団連の意見書「産業技術人材の育成促進に向けて」（二〇〇三年三月一八日）では、大学の知の実用化に加え、教育にも産業の現状を取り込むことがうたわれている。つまり、学生を「産業技術人材」ととらえ、大学の教育を技術者養成に特化させようというのである。国立大学の法人化についても、（1）経営協議会や役員会に産業界から人材を登用すること、（2）「社会のニーズ」（産業界のニーズ）にそった学部横断的な改革を行うこと、（3）産学の人材交流を進めること（企業人の大学教員への登用や期限付き任用・兼職、大学教授の民間企業への就職や兼業など）が率直に語られている。

大学の未来

こうして法人資本主義において支配的な基準が大学に持ち込まれれば、大学は「知の企業体」「知の工場」とみなされることになる。大学は、その知識がどれだけ利潤を生んだか、有用な知識がどれだけ生産されたか、企業社会に適合的な学生をどれだけ教育したか、という定量的基準によって評価されることになる。実際に経済産業省は「産業貢献度」にしたがって理工系の大学をランク付けするとしている。大学の運営もまた、利潤の最大化を目的とした「経営」とみなされることになる（国立大学法人法案では、当初の「運営協議会」が「経営協議会」という名称に変えられている）。

遠山プランのいう「大学改革」とはこのようなものである。短期的な経済産業政策を国家の手によって強制しようとする「産官学総力戦」のプランが、二一世紀の高等教育を見すえたグランドデザインたりえないことは明らかであろう。

Ⅳ 国立大学の理念

東京大学 小林 正彦

新制国立大学の理念

日本には大学が形を成してきたころから、官立・公立・私立の大学（大学令一九一八）が存在していたが、国公私立の区別は今ほど明確ではなかった。一九四六年の日本国憲法の発布に続き、教育基本法の制定（四七・三・三一）、学校教育法（四七・三・三一）、国立学校設置法（四九・五・三一）、私立学校法（四九・一二・一五）等の一連の法が定められ、学校教育制度が確立されると国公私立の区別も明確になった。

日本国憲法では、基本的人権として学問の自由と教育を受ける権利が定められている。教育基本法は、その前文に「われらは、さきに、日本国憲法を確定し、民主的で文化的な国家を建設して、世界の平和と人類の福祉に貢献しようとする決意を示した。この理想の実現は、根本において教育の力にまつべきものである。われらは、個人の尊厳を重んじ、真理と平和を希求する人間の育成を期するとともに、普遍的にしてしかも個性ゆたかな文化の創造をめざす教育を普及徹底しなければならない。」と謳っている。大学はこの教育基本法に謳われた理念を、最高学府として率先して実践する役割を担っており、そのことは日本国憲法を定めた国民の意思が変わらない限り変わることのない大学の理念であるはずである。

教育基本法では、「法律に定める学校は、公の性質を持つものであって、国又は地方公共団体の外、法律に定める法人のみがこれを設置することができる。法律に定める学校の教員は全体の奉仕者であって自己の使命を自覚し、その職責の遂行に務めなければならない。このためには教員の身分は尊重され、その待遇の適正が期されなければならない。（第六条）」とし、教育行政については、「教育は不当な支配に服することなく、国民全体に対し直接に責任を負って行われるべきものである。教育行政は、この自覚のもとに、教育の目的を遂行するに必要な諸条件の整備確立を目標として行われなければならない。（第一〇条）」とあり、学校の公共性と行政の教育への不介入、並びに教員と教育行政の自覚の重要性を明確にしている。

学校は、設置者の如何を問わず、公のものとされ、大学には自治が存在していた。その自治は、政治上、宗教上その他の権力または勢力の干渉を受けることなく全構成員の意志に基づいて研究と教育の自由を行使することであり、それを守るのも全構成員の義務である。

国立学校の独立行政法人化への落魄

もともとこうした自治が付与されていた国立学校がいきなり独立行政法人化に至ったわけではない。国立大学の法人化が議論され始めたころ、私たちは、国立学校における教育研究は国の行政の一環であるかどうかの議論を盛んに行っていた。当時の国立学校設置法の第一条には、「この法律により、国立学校を設置する。」とあり、日本国憲法、教育基本法等により確立された学校教育制度の枠組みの中では、国立学校も私立学校も独立した法を根拠として設置されていたのである。したがって、教育研究は、行政事務の一環としてではなく、三権に並ぶ四権的存在として位置づけられるものであり、行政からの独立性を明文化するべきであるというのが私たちの主張であった。実際、アメリカのいくつかの州では、「司法」「立法」「行政」に「教育」を加え、四権分立を州憲法に明示しているところがある。ところが、国立学校設置法第一条が「文部科学省に、国立学校を設置する。」と改変され（九九・七・一六）、その時点で国立学校は「行政法人」としての性格を持たされ、国立大学における教育研究は明確に行政の事務の一環になったのである。この国立学校設置法第一条の改変が独立行政法人化への一歩であったが、残念なことにそれを指摘した大学人はいなかった。

一九四九年以来、国公私立を問わず「学校」は公のものとして、行政とは明らかに距離をおいた位置におかれ、学校は公法人とも異なる教育機関としての独立不偏の位置におかれていた。その独立不偏の「国立学校」が「行政法人」の位置に移され、そして今「独立行政法人」に変質されようとしているのである。このように済崩し的に国立学校の位置づけが変えられていった最大の原因は、大学の自治に対する自覚が教員のなかに欠如し、ときに際限のない自由を求めたことであり、一方で本来は法の下で教育の独立性を護るべき文部科学行政が時の政権に服従してしまったことではないかと思う。

公法人と私法人、行政法人と独立行政法人

よく言われるのは国立大学のままで法人格を得ることができなかったかということである。このことを議論する前に法人に関する言葉の解説を広辞苑（第五版）からの引用でしておく。

法人：人ないし財産からなる組織に法人格（権利能力）が与えられたもの。理事その他の機関を有し、自然人と同様に法律行為を含むさまざまな経済活動をなしうる。

自然人：生物としての人を指すときの言葉。法律上の人は自然人と法人を含む。

権利能力（法人格）：権利や義務の帰属主体たりうる法律上の資格で、自然人は出生と同時に無制限に、法人は設立と同時に一定の範囲で、これを取得する。

公法人：公の事務を行うことを目的とする法人で、広義には国家も公法人であるが、普通は国家の意思で形成される国家的公権を与えられるもので、地方公共団体、公団、公社、公庫等。

公共団体：国により一定の行政を行うことを存立目的とすると定められた法人。目的達成のために必要な範囲での公権力の行使が認められ、国の特別な監督下に立つ。地域的統合団体――地方公共団体、社団的公共組合（健保）、財団的営造物法人（公社・公団・事業団）等の行政法人のこと。

私法人：私法上の法人。団体への加入、会費の徴収等、その内部の法律関係に国家または公共団体の強制的権力作用の働かない法人。会社・公益社団法人・公益財団法人・協同組合の類。

会社：商行為、営利行為を目的とする社団法人。

これらの言葉の定義を読むだけで、国立大学のままで法人格を得ることが至難のことであることが解るのではないかと思う。また「経営と教学の一体化」を望むことがどれだけ危険なことであるかどうか、自明であるような気がする。

国立大学の理念

国立学校の経営の理念は教育基本法の理念を遵守し実現することであり、学校を公のものとして維持し、真に民主的な組織と喜びに満ちた職場を形成することにより、教育と研究の最大の成果を上げ国民の期待の応えることである。憲法に「自由と権利は国民の不断の努力によって、これを保持しなければならない」とあるように、私たち大学人は、基本的人権である学問の自由と教育を受ける権利を不断の努力によって保持しなければならないのである。この理念を東京大学は憲章に謳おうとした。以下にその憲章の前文を記載しておくが、これは法人化の圧力に屈して捻じ曲げられてしまう以前の幻の前文である。

『東京大学は、新たな世紀の劈頭にあたり、国家を超えた地球大の交わりが飛躍的に強まる時代のなかで、全ての人々に人間としての尊厳と安全を保障すべきことが世界の共通の課題であることを認識するとともに、世界の平和と人類の福祉に学術研究及び高等教育を通じて貢献することが大学の普遍的使命であることを深く自覚する。この使命の達成に向けて、東京大学は、日本における最も長い歴史をもつ大学として、かつ、アジアの地域に位置して世界の諸大学との交流を発展させようとする大学として、新しい時代を切り拓こうとするこの時、東京大学の依って立つべき理念と目的を明らかにするために、東京大学憲章を制定する。

一八七七年に創設された東京大学は、第二次世界大戦後、日本国憲法の下での教育改革に際し、それまでの歴史から学びつつ東京大学としての新生を期した。一九四九年、新制東京大学の出発にあたり、その目的・使命は「教育基本法の精神に則り、学術文化の中心として広く知識を授けると共に、深く専門の学術を教授研究し、平和的、民主的な国家社会の形成に寄与する」こととされた。以来、東京大学は、社会の要請に応え、科学技術の飛躍的な展開に即しながら、先進的に教育と研究の体制を構築し、改革を進めることに努めて来た。今また立ち向かう課題は大きく、私たちは人類社会の進歩とは何かを問い、また、人間の知の営みの意義をあらためて尋ね、自らの果たすべき役割を深く省察して、さらに挑戦を重ねる決意である。

東京大学は、学術研究及び高等教育の成否が、民主主義と人権の発展、文化の維持・創造、科学技術の進展、産業の発達及び社会の福祉の増進にとって決定的なものであり、大学の貢献が同時に世界に向けられ、人類社会に共有される知的基盤の発展と革新に通じるものでなければならないことを確認する。東京大学は、大学の自律的運営と財政の保障が自らの使命と課題の達成のために資するべきものであることを自覚し、そのための高い倫理性を涵養・保持し、また、それを確保するための自己評価のシステムを構築する。東京大学は、自らへの評価と批判を希望して活動の全容を公開し、広く世界の要請に的確に対応して、自らを変え、また、所与のシステムを変革する発展経路を弛むことなく追求し、世界における学術と知の交流・創造そして発信の港であることを目指す。

日本と世界の未来を担う世代のために、また志をもつ人々のために、最善の条件と環境を用意し、世界に開かれ、かつ、差別から自由な知的探求の空間を構築することは、東京大学の喜びに満ちた仕事である。東京大学は、自らに与えられた使命と課題を達成するために、以下に定める東京大学憲章に依り、東京大学の全ての構成員の力をあわせて前進することを誓う。』

国立大学は今何をすべきか

国立大学法人法案は、私立学校法までも超えた新たな学校像を描こうとするものであり、憲法や教育基本法を済崩し的に無力化させるためのものであることを強く自覚し、先ずは法案に反対することである。大学人の全てが法案の問題点を自覚することが大切で、その自覚の上に立って事態に対処しなければならない。

V 国立大学法人法——地方大学からの批判

教育学者 秋山 徹

はじめに

本稿は地方大学の視座から国立大学法人法案の問題点を検討したい。その際、法人法案が地方国立大学の問題点を解消し、その改革を助長する仕組みとなるのか、あるいはその反対物になるのかが判断基準となる。

1 地方国立大学の実像

国立大学総体に占める地方国立大学の比重は高い。地方国立大学を「政令指定都市以外に立地する国立大学」と定義すれば、その大学数は七五、学部学生数は三二万七〇〇〇、大学院学生数は六万九〇〇〇、教員数（本務者）は三万七〇〇〇である（平成一三年度現在）。国立大学総体に占める割合は、学部学生で七割、大学院学生で五割強、教員数（本務者）で六割強となる。機械的に一大学あたりで言えば、学生数五二八〇（学部学生四三六〇、大学院学生九二〇）、教員数五〇〇となる。

他方、政令指定都市に立地する国立大学は、大学数で二四、学部学生数で一四万弱、大学院学生数で六万四〇〇〇、教員数（本務者）二万三〇〇〇余となり、機械的に一大学あたりに換算すれば、学生数八五〇〇（学部学生数五八〇〇、大学院学生数二七〇〇）、教員（本務者）九五八となる。

一見して分かる通り、ここでいう地方国立大学は学部教育に重点が置かれた大学であり、それに比べて大学院の比重が低く、教員数は政令指定都市に立地する大学の半分である。このような大学院整備の立ち遅れは決定的な問題であり、その整備の遅れが学部教育の水準や内容の立ち遅れを生んできたことは否めない。

さらに、これらの統計数値のほかに、地方国立大学がどのような学部を擁しているかをカウントすれば地方国立大学の実像が浮かび上がってくる。一県一つの教員養成学部・工学部・医学部配置施策をカウントすれば、これらに戦前からの文系、理系、農系を加えて、人文、理、農、教育、医学、工学の六学部程度が標準ということになろう。実際の地方国立大学は、これから一ないし二の学部を差し引けばその実態となる。平成一四年度から着手されている大学間統合の帰趨は不明だが、教員養成学部の再編や単科大学と総合大学との統合により、四から六学部編制の大学となる。

2　地方国立大学の役割

各地方に設置された国立大学の第一の役割は、全国的に配置された国立大学網を通じて国家に必要な人材を選抜教育し、国家社会の要請にこたえることであった。そのためには、東京大学の各学部をモデルとして研究・教育体制が構築され、これを担う人材も東京大学を頂点とする権威的大学から供給するシステムが構築されていた。それは標準化された大学教育を提供実施し、もって質の高い人材養成を全国的に進めるという点で効果的な制度であった。

第二の役割は、第一の役割の半面で地方における高等教育機会の充足の役割を負い、地域社会で活躍する人材を養成することにあった。戦後大学改革の中で、内部改造された地方国立大学は、教員や医者などの養成を通じて地域社会に不可欠の存在となった。

第三の役割は、日本の学術研究の基盤を担い、大学における自然科学・社会科学・人文科学研究を担うとともに、その後継者群を育成してきたことである。

第四にはこれらを通じて、大学文化を地域社会に根付かせながら、地域社会の文化教育等の知的資産形成に貢献するとともに、大学と社会との新しいチャンネルを形作って来たことである。それは個性的な学生教育文化となっている。これらの達成は戦後の社会と大学が作り出してきた知的文化的資産であり、こうした地方国立大学の内在的な発展は相当の努力なしには実現できなかったということにある。そうした努力が求められる背景には、高等教育施策のほかにも管理の問題がある。

3　管理の改革と地方国立大学

地方国立大学の問題点はその規模の小ささだけにあるのではない。また大きな大学との比較における「格差」だけにあるのではない。さらに建物の老朽化だけに問題があるのではない。文部科学省による歴史的な一元的管理体制のもとで、大学運営は、大学管理と概念化され、本部事務局と学部教授会による大学運営が常態化されてきたことに最大の問題が潜んでいる。大学としてという発想に欠け、大学内では個別学部の人員経費の獲得競争、個別学科の肥大化競争に明け暮れて、「学科あって学部なし」「学部あって大学なし」の実態と意識が蔓延してきた。教授会自治を学部自治としか考えられないのはここに根拠がある。

平成三年以降の大学改革の波の中で、大学と社会、大学と地域、大学と学生の関係が変化し、「地域の中の大学」「学生中心の大学」「社会公共の学術研究機関としての大学」づくりへの志向と取組みが進んできたが、これらの改革の障害が文部科学省・事務局・教授会のトライアングルである。大学としての自主性・主体性は存在しようがなかった。

法人法案は、このような伝統化した大学管理方式を改革するのだろうか。平成三年以降の大学改革の下からの動きを助長奨励する仕組みとなるのだろうか。

第一には、責任に伴う自主性の保証がないことである。文部科学省や総務省など国の機関の事前事後の干渉が大きくなる可能性があるからである。中期目標の指示・中期計画の認可、幾層にもわたる評価とそれに基づく交付金の算定と交付などにより、大学は一層これらに敏感にならざるを得ず、これらの機関への応答性のみが意識される。

政府から独立した第三者機関が大学を評価し資金を配分する仕組みならば、全体として学問の自由の社会的政治的基盤が確立され、その下での透明性も平明になり、国民への説明責任も果たせるであろう。

しかしながら、あらかじめ文部科学大臣から認可を受けた業務内容を基に、各年度毎の事業評価を受けて実施される仕組みにあっては、責任の相手方は依然として国であり、独立した経営事業体としてのそれではない。

第二には、法人法案が構想する大学運営方式が大学内部の者、アカデミック・コミュニティを構成する教員職員への不信を前提に組み立てられていることである。外部の人間が必ずしも善ではなく、その逆もそうである。大学の内部の者も外部の者も、ともに変わらなければならない。相互に影響しあって、大学と社会との良好な依存と独立の関係を構築しなければならない。経営事項と教学事項との機械的分離は、こうした大学運営の機微を無視した管理一辺倒の発想であり、制度依存を通り越して人格依存の管理運営すら生じかねないものと言える。

4　規模と経営——その構造と機能

国立大学法人法が、いかなる規模の大学を想定しているのかが明らかではない。現行の（一部再編を含む）国立大学を一単位としてそれぞれ法人化し、いわば独立した経営体として構築するというのが法人法案の発想である。

経営協議会、役員会、教育研究評議会などで組まれる大型の管理組織は、これを効率的に運用するための人的物的資源を考慮すれば、かなりの投資が必要となる。その上、外部評価を想定しての財務会計、人事、教育・研究事業など、これまでの地方国立大学のやり方では到底達成できないような機能を保持しなければならない。

地方社会では、そして多分に全国的にも大学管理の能力を持つ外部の人材は少ない。大学内部にもそうした人材が蓄積されているとはいえない。そうした能力すら蓄積する自治がなかったといえばそれまでだが、これは深刻な問題である。こうした中でも、規模の大きい大学は、経費的人事的に余裕を生み出し、戦略的な経営を模索するだろうが、小規模大学ほどそれが難しい。「大学淘汰の時代」という悲鳴は過剰反応ではない。大学内部からのうめきである。

5　大学から地域社会の振興を

バブル経済の崩壊、高度情報化・国際化の進展の中で、モノ、ヒト、カネの全てにわたる中央集権化が進行している。地域社会の変貌は目を見張るほどの惨状である。教育の市場化・私事化の波は大学等の高等教育にとっても例外ではない。一八歳進学人口は一九九二（平成四）年を頂点としてその後の一〇年間で二〇パーセント減少し、またその後の一〇年間で二〇パーセント減少する。この減少率は地方ほど激しい。一八歳以外の非伝統型学生もまた都市に厚めに偏在する。

地方自治体と住民は今必死にその活路を求めて努力している。大学が地域社会と連携を強め、その教育研究の基軸を地域に置くことは、学術の高度化や国際化の方向と矛盾しない。そのための大学自らの改革を阻害する仕組みを認めてはならない。

Ⅵ　公立大学はどうなる
――横浜市立大学は公立大学民営化の「横浜モデル」か

横浜市立大学　永岑 三千輝

はじめに

数年来、国立大学の知人が大学改革・独立行政法人化問題で疲労困憊しているとき、横浜市立大学は無風のように見えていた。しかし、二〇〇一年四月以降、事態は急変した。「市民のため」を看板に、設置者権限を振りまわして、大学のこれまでの慣行やルールを無視する「辣腕」事務局責任者が送りこまれてきた。

1　教授会・評議会審議の形骸化

二〇〇〇年春、横浜市の情報公開条例にもとづいてある市民が教授会議事録の公開を申請した。市の情報公開室は、条例の一般規定を根拠に議事録の公開を三月初旬、年度末の教務・入試の業務でいちばん忙しいときに「二週間」の期限を切って求めてきた。臨時教授会が開かれ議論が活発に行われた。

一学部における教授会議事録公開は、原則問題として他学部の教授会議事録公開問題にも連動する問題だった。きちんと時間をかけ手順を踏んで議論すべきであった。条例によっても大学らしい検討期間を保証する余裕はあった。しかし、一般的公開期限の規定を大学にも適用し、実質上強制するやり方がとられた。大学の自治・大学の自主性・自律性を脅かすその強引なやり方は問題だった。だが、教授会や評議会の慎重な検討を押さえこんで短期間に公開を実現した責任者がその「功績」の勲章をつけて、大学事務局責任者として送りこまれてきた。

2　「大学の自治」の破壊と市の財政危機

「あまやかしてきた」教授会と大学に風穴を明けて乗りこんできた事務局責任者は、設置者権限と財政危機を武器にして、矢継ぎ早に大学の慣行・ルールを無視する政策をとった。たとえば、①留学生の学費減免措置の改悪を学生活動委員会など教学組織に図ることなく、事務組織の一存で行った。②カリキュラムなどの検討には時間が必要であるが、時間的余裕がない段階になって一律に非常勤講師を削減した。③非常勤講師謝金削減のため、支払・計算方法を変更した。非常勤講師の弱い立場を逆手に取るように三月中旬に変更を通告した。憤慨した非常勤講師は組合を結成するにいたった。ついで、④同じく三月の年度末ぎりぎりに予算執行方法の変更を通告した。これまでの基礎的研究費を廃止し、「研究交付金」を新設した。文部科学省科学研究費助成金と同様に、この研究交付金を受けるためには研究計画、研究目的その他の書類を毎年出さなければならなくなった。このシステムでは、学会出張はなくなり、研修扱いとなった。教授会で色々と出された危惧（研究の自由の束縛、研究内容への介入の危険性など）に対しては、変更の形式性だけが強調され「便利になるから」と押しきった。

だが実際にはこの間、「この本は研究テーマと違いますね」と研究内容・研究の自由への干渉が行われ、かつて感じなかったような精神的圧迫を受ける教員も出てきている。市大はかつて「金はないが自由だ」と評されたが、今やその自由も制限されつつある。

学長選挙で二〇〇二年五月、文科系から理科系の学長に交替した。この学長の下で事務局主導の「改革」がさらに強行されることになる。商学部は定年退官教員の補充人事を従来の慣行に従い、専門家集団としての経済学科会で審議し、教授会において補充を決めた。経営学科所属の一般教育科目の定年退官教員の補充人事も、全学の一般教育委員会と合同で補充人事を進めるように決めた。しかし、これらは凍結された。この措置の大義名分は「大学改革を進めるため」だった。数人の定年退官教員の補充凍結を鞭にして「改革」を強引に推し進めようとし、その事務局主導の路線に学長が追随した。

3 新市長誕生・民営化路線と「市立大学の今後のあり方懇談会」

二〇〇二年四月、市長選挙があり、松下政経塾出身で民主党議員の中田宏氏が急遽、「無党派」として出馬し当選した。彼は、みなとみらい地区のビル群や巨大な国際サッカー場建設・ワールドカップ決勝戦誘致に見られるようなハコモノ行政で長期政権を維持した高齢市長とそれを取り巻く諸政党の馴れ合いを批判し、「民の力が存分に発揮される市政」を掲げた。ハコモノ行政のつけでもある財政危機を新自由主義の路線で解決しようとし、事業の一斉見直しが行われることになった。大学もその俎上に載せられることになった。

さかのぼって一九九五年、文理学部改組（国際文化学部と理学部の創設）を機に、大学事務局は学部事務室統合など大学事務機構再編を計画した。しかしその計画は、学部ごとの教学体制の独自性を無視するものとして商学部などの大反対運動で実現しなかった。いまや中田市政のもとで懸案の事務機構「改革」・職員削減を断行する気運がととのった。国立大学の独立行政法人化の動きに連動して法人化も射程に入った。その一つのステップとして二〇〇二年九月「あり方懇談会」が市長の諮問機関として設置された。座長・橋爪大三郎・東京工業大学教授は教授会自治を攻撃する大学民営化論者である。その起用は市長とその意を受けた大学事務局責任者の方針を示唆するものである。

市長は第一回懇談会において次のように述べた。少子化が大幅に進展するなか、国立大学では独立行政法人化に向けた準備が進めてられており、また私立大学では壮絶な生き残りをかけた対策を模索している。横浜市の財政は「非常に厳しい状況」にある。平成一四年度予算で市立大学費会計のうち、一般会計からの繰入金は大学本体だけで一二二億円、附属二病院で一二一億円、合わせて二四三億円と非常に多額になっており、経営の努力が一段と必要になっている。そこで、①横浜市が大学を設置する意義があるのか、②大学の経営はどういう形態が適切なのか、③今後、どういうかたちで大学改革の方向を目指していくべきかについて検討していただきたい、と。「存廃を含め改革案を策定するように」と諮問したことから、論議に一気に火がついた。

4　大学事務局主導の改革論議と「あり方懇談会」

教授会や評議会の審議プロセスでは「改革」案をまとめられないと、事務局、そしてこれに追随する学長は、「戦略会議」（臨時機関）を新設した。これは学長（と事務局責任者）が指名する少数教員

愛読者カード

このたびは小社の本をお買上げ頂き、ありがとうございます。今後の企画の参考とさせて頂きますのでお手数ですが、ご記入の上お送り下さい。

書　名

本書についてのご感想をお聞かせ下さい。また、今後の出版物についてのご意見などを、お寄せください。

●購読注文書

ご注文日　　年　　月　　日

書　名	冊　数

代金は本の発送の際、振替用紙を同封いたしますのでお支払い下さい。(3冊以上送料無料)

なお、御注文はFAX(03-3239-8272)でも受付けております。

郵便はがき

料金受取人払

神田局承認

5618

差出有効期間
平成15年9月
24日まで

101-8791

007

東京都千代田区西神田
2-7-6川合ビル

㈱花伝社 行

お名前《ふりがな》	電話
ご住所（〒　　　） (送り先)	

●新しい読者をご紹介ください。

お名前	電話
ご住所（〒　　　）	

と事務職員の混成チームであり、そこでも主導権は事務局が握った。教授会から選出され評議員を中心に構成される学長諮問委員会としての「将来構想委員会」（常設機関）は半年以上も召集しなかった。

大学の最高意思決定機関である評議会の審議事項の一つに「予算の見積もりに関すること」がある。学則規定からは大学教員・評議会が研究教育の資金的基礎に関心を持つのは義務であった。ところが事務局主導の大学戦略会議の最終的議事録にはつぎのような品性のない文言がちりばめられている。「教員は商品だ。商品が運営に口だして、商品の一部が運営のために時間を割くことは果たして教員のため、大学のためになるのか。」「教員はこの大学で何がしたいのか。専門職として生きていくならば、極端にいえば予算になど興味を持たなくていい。予算に興味をもつなら、責任を持ってもらいたい」など。予算問題は学則を無視して、かつて評議会で一度も審議されなかった。予算削減の一方的決定などに教学の立場から意見を言うに過ぎなかった。だが、評議会無視の事務局主導のやり方への批判は、事務局からすれば許せないのである。

二月二七日の第七回懇談会で最終答申が出された。その答申は「法整備の状況を踏まえる必要もあるが、独立行政法人とする」と提言した。「大学の経営を担当する責任者と教育研究に責任を持つ学長とを分離する」。教員の身分は「非公務員型」とする。教員の新組織への移行は「無条件ではなく、再就職の形とする」。また「教員は年俸契約を原則とする」、「主任教授制を採用」し、教員は主任教授が選考する。教員は「任期制・公募制を原則」とする。「正規の教員数は、教育・研究が硬直化しないように極力抑制」し、実務家や専門家などを教員として「積極的に採用」する。「市費による研究費の負担は原則として行わない。外部資金が得られた場合に、研究を進める。」「費用対負担の観点から学費を値上げする。」

以上、答申の一部を紹介したが、その新自由主義の基本路線は明確であろう。ニュージーランドで行われたサッチャーリズム流の改革を中田市長は高く評価している。まさにその市場原理主義的方向が答申の基調となっている。国立大学法人法案を横目で見ながら、その何歩も先を行く提言がちりばめられている。教育基本法、学校教育法、教育公務員特例法などを無視する（ないし廃止や適用除外を前提とする）その提言が市の政策となれば、七五年の公立大学としての歴史と意義は全否定されることになろう。

おわりに

横浜市大の歴史と実績を無視した「あり方懇談会」の提言に対し、現在、大学（学長）が正式な態度表明を求められている。総合理学研究科や国際文化学部が答申に対する批判的決議を挙げているが、学長がどこまでこのような学内の意見を取り入れるか、それが問題となる。つぎに学長の態度表明を受けた市長が答申を実際にどのように取り扱うかが問題となる。それは、進行中の国立大学法人法の審議状況、法案内容の問題やその修正、成立の動向によって決定的に影響を受ける。公立大学の場合、「地方独立行政法人法」の一章に位置付けられることになるようであるが、その内容も国立大学法人法によって左右される。

すでに事務当局（その背後の市長）の政策で、外堀としての三学部事務室統合は断行された。事務職員が大幅に減らされ、四月からは三〇〇〇人を越える学生・院生の教務関係事務をわずか五人の学務課職員が担当することになった。はたして、こうした強行策がどこまで機能するのかわからない。表面上強行できても、教育内容や教員の研究へのしわ寄せが重大問題となろう。

「廃校も選択肢」だとし、その恫喝を梃子に三学部（商・国際文化・理）の一学部への統合などセンセーショナルで「大胆な改革」を外部から強制しようとすることに対しては、卒業生や市民を中心に抗議の声がまきあがった。「市大の存続発展を求める」一大反対運動が展開しつつある。学長や市長への意見書なども多く寄せられている。二一世紀の公立大学として生き抜き発展させるためには、市民や地域社会との連携を強め、全国の大学人と連帯して行かなければならない。市大の大学人がなすべきことは多い。

追記：市民・卒業生・在学生と現職・ＯＢ教職員が連帯して「市民の会」を組織し、「横浜市立大学を考える市民の会ＨＰ」http://www8.big.or.jp/~y-shimin/ を立ち上げた。上述の最終答申などに関する詳しい情報と最新情報はここを参照されたい。

Ⅶ　教育基本法「改正」と国立大学の独立行政法人化

新潟大学　世取山　洋介

はじめに

今回の教育基本法「改正」をめぐる政府部内の動きは、教育改革国民会議が、二〇〇〇年一二月二二日に、「教育改革国民会議報告――教育を変える一七の提案――」において「新しい時代にふさわしい教育基本法を」という提言を行ったことにその基点を有している。その後、二〇〇一年一一月二六日に文科大臣が中央教育審議会に、「教育振興基本計画の策定について」および「新しい時代にふさわしい教育基本法の在り方について」を諮問し、その諮問に対する「中間報告」が昨年二〇〇二年一一月一四日に（以下単に「中間報告」）、そして、答申である「新しい時代にふさわしい教育基本法と教育振興計画の在り方について（答申）」（以下単に「答申」）が二〇〇三年三月二〇日に公にされた。

今回の教育基本法「改正」に向けての政府の動きは、つとに指摘されているように、いわゆるグローバル・エコノミーのもとにおいて、日本が経済大国としての生き残るために、国家の主導によって産業構造を転換し、そして、教育制度全体を、産業構造を転換するための手段、あるいは、転換された産業構造を担う人材養成の手段として徹底して利用しようとの動機に基づいている。「答申」よりも雄弁である「中間報告」の言葉を用いれば、「地球的規模での大競争が一層進展していく…ため、わが国社会にとっても、国際競争力の基盤である国民全体の教育水準の一層の向上を図る…ことがますます重要になっている」のであり、「国家戦略として人材教育立国、科学技術創造立国」を追求することが求められているのである。そして「現在の厳しい財政状況の下」にあっては、「今まで以上に教育投資の質の向上を図り、投資効果を高めることにより、その充実を図っていくことが重要」とならざるをえないのである。

今回の教育基本法「改正」の動きは、後に述べるように、教育基本法の「権利実現型」基本法としての性格を放棄し、「国策遂行型」基本法へと変えていくことをその中心的な内容としている。「改正」後に立ち現れる「新」基本法と、それによって登場する「教育振興基本計画」体制のもとにおいては、大学は、初等中等教育機関とともに国策遂行の手段として位置づけられることになる。そして、教育振興基本計画の一部として予定されている国立大学の独立行政法人化は、行政権力の頂点に位置づく内閣が、金銭の支配力を通して、大学における研究教育内容を全面的かつ深くコントロールし、結果、大学を国策に徹底的に従属させることを内容としている。国立大学法人化は、教育基本法「改正」と一体のものであり、かつ、その先取りとしての意味を持っているのである。

1　「権利実現型」基本法から「国策遂行型」基本法へ

（1）「権利実現型」基本法としての教育基本法

教育基本法は、憲法二三条に規定された学問の自由および二六条に規定された教育を受ける権利を具体化するために〝憲法付属法律〟として制定されたものである。それは、憲法二三条および二六条を受けて、教育と研究を、権力の働く領域から人権の働く領域へと移し変え、権力の働く領域を教育研究の「諸条件の整備」（教育基本法一〇条二項）に留め、その範囲内における国家の権力の積極的な働きを是認することにそのもっとも大きな眼目があった。この意味において教育基本法は、「権利実現型」基本法であると言える。

（2）教育と研究の国策への再吸収

ところが、今回の教育基本法「改正」プランは、教育と研究を権力の働く領域に再び戻し、国策あるいは統治行為の中に研究と教育を溶け込ませ、さらには、行政による一方的な研究教育内容の評価に基づいて閣議によって重点的な（不平等な）財政配分を行なうトップダウン方式の行政機構を設置することを内容としている。

教育基本法「改正」によって直接的または間接的に実現されようとしていることは、大まかに言えば次の三つの事柄であると考えられる。

第一は、国際的な「大競争」に打ち勝つことのできる「たくましい日本人」が内面化することが求められているイデオロギー――「新しい『公共』」と「国を愛する心」――を教育基本法に書き込み、〝教育〟を、個々人の「人格の完成」（教育基本法一条）のためのもの、すなわち「個人の尊厳」（教育基本法前文）の確立のためのものから、国家忠誠を内面化――あるいは国家に自らの人格を同一化――するためのものへと、法律の建前の上でも、位置づけ直すということである。

第二は、圧縮財政のもとにあってもなお、「大競争」に勝ち抜くことのできるエリートを安上がりに選抜し、重点的に養成すること、そして、「大競争」に勝ち抜くのに必要な「科学技術」の開発あるいは「研究」と「教育」の進展を重点的および効率的にはかるために、トップ・ダウン方式の省庁横断的な財政配分を含む政策決定機構を内閣に設けるということである。

そして、第三は、これは直接には学校教育法の改正によって実現されることが予定されている事柄であるが、これまで人間の発達段階に応じて小・中・高・大と学段階的に構成されてきた単線型学校体系を解体し、小中一貫校、中高一貫校、エリート高校、研究大学などの各学校段階において目的の異なった学校を用意することによって、学校体系を実質的に複線化するということである。これは第二の事柄、すなわち圧縮財政のもとにおける財政の不平等配分によって引き起こされる帰結なのである。

(3)「国策遂行型」基本法へ

「改正」された教育基本法は、同じ「基本法」という名称を持つであろうものの、教育基本法の「権利実現型」基本法としての性格は喪失させられ、「国策遂行型」基本法へとその性格が大きく変えられることになる。これは教育基本法の「改正」というよりは、端的にその「廃止」と「新」基本法を基礎とする「教育振興基本計画」体制とでも呼ぶべき新しい体制の成立を意味していると考えられるのである。

2 「教育振興基本計画」体制の中における「『知』の拠点」としての大学

(1)「教育振興基本計画」体制

ところで、「国策遂行型」基本法は、九〇年代に入ってから、政府によるいわゆる「構造改革」を強力に推し進めるための手段として、数多く制定され、この一〇年間にあっては、実にファッショナブルな法形式となっている（例えば、環境基本法一九九三年、知的財産基本法二〇〇二年。近隣の領域では、科学技術基本法一九九五年がその例）。これらの基本法は、閣議が重要な国策にかかわる基本計画を決定し、トップ・ダウン方式において政策を実施していくことを内容としている。特に、一九九九年に国家行政組織法が改正され、強い権限を持つ内閣府が創設されて以降は、重要な国策を内閣の決定にかからしめることにより、内閣府にさらに権限を集約するものとして機能してきた。

教育基本法「改正」プランもこのような動きの延長線上に位置づいている。「答申」は、教育基本法一〇条二項および一一条を改正して、閣議によって「教育振興基本計画」を決定できるようにするための根拠規定を設けるべきことを提案している。「答申」においては、具体的な仕組みは明らかにされていないが、それでもなお、内閣府に設けられるであろう「教育振興基本計画会議」とでも称される、関係閣僚と有識者から構成される会議の議を経て閣議が「基本計画」を決定するか、あるいは、中央教育審議会の意見を聴いたうえで文科大臣が作成した基本計画「案」に基づいて閣議が基本計画を決定するという仕組みが設けられることは想像に難くない。

そして、基本計画における政策と財政配分は、「答申」によれば、「施策の総合化・体系化、また重点化」による「効率化」と、「政策目標や施策目標の達成状況、投資効果」などの「政策評価について の十分な検証を踏まえ」ることの二つを特徴としなければならないとされている。つまり、閣議によって国策に必要な重点領域と不必要な整理領域が特定され、さらには、行政内部に設けられた評価機関による研究教育内容の評価に基づき、財政配分の増減が決定されていくことが必須とされているわけである。

（2）基本計画に描かれる「『知』の拠点」としての大学

以上のような基本計画の網は初等中等教育にのみ被せられるわけではない。大学も基本計画の重要な構成要素としてその中に組み込まれることになっている。

「中間報告」は「これからの国境を越えた大競争時代に、我が国が世界に伍（ご）して国際競争力を発揮するためには、『知』の世紀をリードする創造性に富んだ多様な人材の育成が不可欠であり、そのために大学は改革を推進し、重要な役割を担うことが期待されている。しかしながら、教育基本法は義務教育など初等中等教育中心であり、大学の役割が明示されていない」と指摘し、大学の位置づけを明確にするための改正を求めていた。これを受けて「答申」は、教育基本法六条の改正によって大学の国策遂行機関としての性格を明確化にし、「基本計画」のなかに大学を明示的に包括することとしたのである。

「『知』の拠点」（「中間報告」）としての大学に関する基本計画の具体的な内容は、「中間報告」において比較的詳細に示されている。そのポイントは、「国立大学の法人化など高等教育機関におけるマネジメント体制の確立」、「自己点検・評価、第三者評価の実施と評価結果の公表」および「評価に基づく重点的な資源配分」、ならびに、「教員…の流動化の促進」なのであった。

3　国立大学法人法による教育振興基本計画体制への国立大学の組み入れ

今国会に提出された「国立大学法人法案」（以下単に「法案」）が、中教審の「中間報告」および「答申」に示された「教育振興基本計画」体制の中に組み込まれた『「知」の拠点』としての国立大学を実現するためのものであることは明確である。そして、「新」基本法のもとにおける教育振興基本計画体制との関連で、「法案」の特徴、および、将来の基本計画の特徴として指摘しなければならないのは、そのまったく新しい財政配分の方法である。

個々の大学に交付される運営費交付金の額は次のようなプロセスを経て決定される。文科大臣が大学の意見を聴いて決定する個々の大学の中期目標→大学による目標達成のための計画案作りと文科大臣による承認→国立大学法人評価委員会、さらには総務省に置かれた独立行政法人評価委員会による中期目標の履行の程度の評価→「新」基本法に基づく閣議による基本計画の決定→文科大臣による個々の大学の中期目標の決定と運営費交付金額の決定。「法案」では、学部レベルの改廃が省令事項から排除され、個々の大学に設置される過半数が学外者から構成される経営協議会の議によって決定されることになっている。このために、基本計画において明示的および黙示的に示された重点領域と整理領域にしたがって、個々の大学の中期目標と運営費交付金額が決定され、それを受けて、経営協議会が学部のリストラを議決してしまう事態が確実に想定される。相当に広範な研究領域をカバーする組織である学部が、実に容易に、リストラされることになりかねない。

あわせて指摘しなければならないのは、基本計画において、個々の教員の研究教育活動の内容に対する評価と、それに基づく「重点的な資源配分」が求められるだけでなく、「教員の公募制・任期制の導入の推進」(「答申」)のために中期目標において任期後の更新拒否数を数値目標として設定することが求められることが予想される、ということである。研究教育内容の評価が、研究費の配分の増減と直結するだけでなく、身分の喪失とも関係づけられることになるわけである。

4　教育振興基本計画体制・国立大学法人法案と学問の自由および子どもの教育に関する権利との不両立性

国立大学が、「新」基本法に基づく「教育振興基本計画体制」に、国立大学法人法を通して組み込まれることによって生じる弊害は実に多い。ここでは、学問の自由および教育に関する権利の二つの観点から浮上する欠陥を指摘することにしたい。

(1) 憲法二三条・教基法一〇条二項との不適合性

まずは、行政権力による金銭の支配力にものを言わせての大学の組織および個々の研究者による教育研究内容のコントロールは、憲法二三条および教基法一〇条二項と適合的であるとはとても言い難い、ということである。

憲法二三条に規定された「学問の自由」を受けて、教育基本法一〇条二項は、大学についても教育行政の任務を「諸条件の整備」に限定した。そして、戦後の大学法制においては、紆余曲折があったにせよ、教育基本法のこのような意味を忠実に守り、大学名、大学における学部等の組織編制、規模、講座名、学科目名を法令により決定し、積算校費を配分したところで行政権力の及ぶ範囲は終了し、それから先は、個々の研究者および研究者コミュニティに、研究教育内容と財源使用に関する決定が委ねられ、彼ら・彼女らの自発的な創意に基づいて、研究と教育が自主的に発展させられていったのである。

これと比較すれば、新しい財政配分の方法が、学部名あるいは講座名・学科目名から行政権力が出発し、研究教育内容をコントロールするものであることははっきりするであろう。これが教育基本法一〇条二項の「諸条件の整備」を超えることは明白である。さらには、学問の自由の中核的意味――すなわち、労働法における労働の従属性原則を修正し、被雇用者である大学研究者に、大学設置者ないしは雇用者との関係において、研究教育内容に関する自律的な決定を認めるということ――を犯しているとさえ言える。国が形式的には設置者でなくなるにせよ、国が依然として主要な出資者である以上、そのような財政配分をすれば、「学問の自由」違反の誹りを免れることはできないはずである。

(2) 子どもの教育に関する権利に対する許容範囲を超えた侵害

次に、教育振興基本計画体制のもとにあっては、大学は、教育基本法「改正」が実現しようとしている学校体系の実質的な複線化をもたらす〝基点〟とならざるをえず、結果、子どもの教育に関する権利に対する侵害をますます助長する、ということである。

教育制度の全体的な再編は圧縮財政の下において行なわれるので、すべての大学が、『知』の拠点」にふさわしい、重点配分を受けられることはありえない。大学は、科学技術立国政策に貢献する大学とそうでない大学とに種別化され、現在に至る政策の基礎を敷いた臨時教育審議会によって示されていた、研究大学、高度職業人大学および教養大学という大学の種別化が現実のものとなろう。「下流」である大学が種別化され、同時に、「上流」を構成する初等中等教育も実質的に複線化されることになっている。これにより、教育制度の競争主義的な性格はますます強まり、子どもの成長発達に今まで以上に否定的な影響を与えることは必至である。

実は、現在の競争主義的性格でさえ、子どもの教育に関する権利と不適合であることは、国連子どもの権利条約の実施監視委員会である国連子どもの権利委員会が、「高度に競争主義的な教育制度のストレス」によって「子どもが発達のゆがみに陥っている」と述べて指摘したことであった（CRC/15/add.90.pra.22.June 24.1998）。種別化された大学を最終点とする初等中等教育の種別化によってもたらされるより一層の競争の激化により、子どもの教育に関する権利に対する侵害は、いよいよ、許容範囲を超えることになろう。

おわりに

「新」基本法のもとにおける教育振興基本計画体制の成立と、それへの国立大学の組み入れは、深刻な弊害を、高等教育における「学問の自由」のみならず、初等中等教育段階における教育に関する権利に対しても与える。多くの大学人および市民によって教育振興基本計画体制の問題点がしっかりと吟味される必要があるにもかかわらず、それがなされていないという事実だけでさえ、「法案」を廃案とする十分な理由となると言うべきである。いずれにせよ、国会における審議が、広範な大学人および市民の参加のもとに、十分な深度を持って行なわれることを強く期待したい。

Ⅷ　いま、なぜ大学法人化が出てきたか

一橋大学　渡辺　治

大学の内在的要求に基づかない改革

大学を法人化するという形で、国立大学の大規模な改造が進められている。この改革は、ロースクールの設立なども不可分の一環となっていることを考えれば、私立大学をも巻き込んだものといえる。この改革は、敗戦後の大学改革を上回る、近代日本の大学はじまって以来の大改革となることは間違いない。

しかし、なぜいまそんな大規模な大学改革が提起されているのであろうか？　確かにいまの大学にはさまざまな問題が山積みされている。けれども、いま進められている改革は、こうした大学の抱える問題を解決するために大学の内部から起こった声を政府や文科省が汲み上げて始められたものではない。いわば大学の「外から」提起されたものである。そのため、改革の内容も、大学の研究・教育に携わるものが提起してきた改革の中身とは相当にことなるものである。いま、急に大学改革が提起され、強行されるには、何かそれを促す特別の要因が起こったと考えなければならない。ではそれは一体なんであろうか？

「構造改革」の一環として推進

いまなぜ大学法人化かという問いを考えるとき、注目しなければならないことがある。それは、実は、いま急激な改革が進められようとしているのは、大学ばかりでなく、社会のいろんな領域で起こっていることだという点である。

有事法制やらイラク復興支援法といった日本の大国化をめざす改革も進んでいるが、これはさておくとしても、改革の提起されている領域は広い。まず社会保障制度の分野では大きな改革が進んでいる。介護保険制度が導入実施され、去年の国会で医療費の負担が三割にあがったし、医療保険制度の抜本改革も行われようとしている。いわゆる規制緩和の動きも、農業や都市自営業、さらには、医療福祉の分野で進行している。大手スーパーなどの進出から商店を守ってきた大店法が廃止されて、大手スーパーやコンビニの進出が自由になっており、また農業の分野でも自由化と商業化が進んでいる。さらにこうした構造改革を推進しようと、小泉政権は構造改革特区の構想を打ち出し、具体化がはじまっている。特区内では、病院の株式会社化のように、企業活動の自由を一気に進める試みが慫慂、推進されている。地方では、「平成の大合併」と称して、市町村の合併がこれも強行されようとしている。教育の領域でも、教育のスリム化を目指す改革が進み、学校の再編淘汰が進んできた。さらに最近では、子どもたちの荒廃を理由に、規範教育を強化する動きが起こり、教育基本法改正の議論も浮上している。

こうして、いまや戦後日本のシステムの総点検と改革が進んでいるといわねばならない。大学法人化も、こうした日本社会の大改革の一環として進んでいるのである。

しかも注目すべきなのは、こうした改革は実は共通した性格を持っているという点である。これら改革は、いずれも、経済的視点からの改革であり、もっといえば、大企業の競争力強化という共通の目標で進められている点である。言い換えれば、企業の負担を軽くし、企業が活動する自由を拡大するための改革、さらに大企業の競争力強化に直接役立つ改革だという点である。

そこで、大学法人化のねらいをくわしく検討する前提として、いま日本の国家・社会で進められている改革が、どんなねらいを持ち、大学法人化とどういうふうに共通しているかをまず検討しておこう。

グローバル企業の競争力強化めざす「構造改革」

結論から先に言うと、いま日本で進められている改革は、新自由主義改革と総称できるものである。この改革は、日本発のものではない。七〇年代末に深刻な不況を克服するための改革としてアメリカのレーガン政権やサッチャー政権の手で行われたのがはじめてである。

この改革は従来の不況の克服策であった財政出動によっては不況の克服ができないとして、企業の競争力を回復することにより不況の克服をはかろうとするものであった。競争力強化のためにとられた手段は、二つからなっていた。ひとつは、企業にかけられている負担を軽減すること、二つ目は企業に対する規制を緩和することである。こうして負担や規制を企業から取り払うことにより企業の自由と活力を復活させようとすることから、これら改革は、新自由主義改革と呼ぶことができる。

ところで、こうした企業への負担や規制は、現代国家とりわけ福祉国家といわれる西ヨーロッパ諸国に共通してみられる特徴であった。現代国家は、累進所得税や法人税などにより企業や上層から税金を取って、所得再分配を行い、福祉や教育の充実のための費用に使い、また企業の好き勝手な活動がもたらす害悪を防止するために、労働者の保護、食料品や環境の保護、また放っておけば潰されてしまう農業や弱小産業保護などの目的で、大企業の活動に厳しい規制をかけた。これが、企業の活力をそいで不況を長引かせている元凶とされたのである。そこで、改革は、いきおい福祉国家システムを攻撃し、その改変を迫るものとなったのである。

それでも企業が一国内で活動していた時代は、国内では負担や規制はすべての企業に平等にかけられていたので企業の競争には差し支えなかったが、企業がグローバルに活動、競争するようになると、一国の負担や規制の軽重は企業の競争力を大きく左右することとなった。アメリカやイギリスの新自由主義改革も、こうしたグローバル経済の時代において、企業の競争力を強化することをめざして行われたのである。

ところが、日本では当時、企業の競争力は非常に強かったため、世界経済の中で一人勝ち状態であり、こうした改革の必要は実感されなかった。日本企業の類いまれな競争力は、日本企業の国内での生産が、他国に比べて、企業に極めて有利な条件で行われていたからであった。「過労死」を生むような企業社会、下請け網、そして企業に有利な政策を展開した自民党政治がそれであった。ところが、日本企業が八〇年代後半から海外展開を余儀なくされるに至ると、今まで日本企業が受けていた、こうした恩恵のいくつかはえられなくなった。バブルが崩壊したあとの不況が予想に反して長引き、「構造的な」不況と言われるようになった背景には、こうしたグローバル経済下での日本企業の競争力の低下があったのである。そこで日本企業も遅ればせながら、新自由主義改革の実行を保守政治に迫るようになったのである。日本では、これら改革は、「構造改革」と呼ばれるようになった。

「構造改革」の二つの柱

日本企業の競争力回復をめざした「構造改革」は、二つの柱からなっていた。ひとつは企業の負担の軽減をめざすもの、ひとつは企業にかけられた規制や保護を取り払うものである。

第一の柱からみてみよう。大企業にかけられた負担が大きければ、企業はその分を価格に上乗せするため価格競争力がなくなる。企業の負担のうち大きな比重を占めるのは、租税と社会保険上の負担である。そこで税金を軽くしなければならないが、それには二つの方策がある。ひとつは財政支出を押さえること、もう一つは、法人税などとは別の税金を増やすことである。

こうして「構造改革」の中心に財政再建と税制改革が座ることとなった。ところで自民党政治の下では、財政支出の大きな部分を占めていたのは公共事業投資であったが、これに手を付けると自民党支持基盤離れを起こすことや国内に依拠する大企業の痛手となることもあり、なかなか手を付けられなかった。それをはずすと、財政支出の中で大きな比重を占め企業に直接役立たないのは、社会保障支出であり、その中でも医療費とくに老人医療費が大きな割合を占めている。当然改革はここに向かい、医療費削減とくに高齢者医療費を削減するために保険料負担の増額や高齢者への負担増がはかられた。それによって高齢者を医療から遠ざけようというねらいからである。教育費にも目が付けられた。日本の教育費は、他国と比べて多いほうではなかったが、初等中等教育費の割合が大きく、教職員給与の比重が大きいことが特徴であった。そこで改革は初中等教育のスリム化、学校の統廃合によって教員の人数を削減することが目指された。他方、法人税や所得税に代わる税源として、国民から広く徴収できる消費税が注目された。

「構造改革」の第二の柱であった企業に対する規制緩和の方も推進された。労働条件規制や安全上の規制、食品添加物規制など企業に対する規制が他国に対して厳しければ、当然その分価格が高くなり競争力は落ちる。また、その国の農業や弱小産業に対する保護が厚ければ、大企業の「自由な」活動が阻害され、これまた競争力は落ちる。たとえば農業保護がなされていれば、その分食品価格は上がるから労働者の賃金も上昇し企業はその分を価格に上乗せするため、競争力が落ちるという具合である。

日本では自民党政治の下で、福祉国家に比べて企業に対する規制は決して厳しくはなかった。むしろ甘かったことが日本企業の競争力を生んだといってよい。しかし、自民党の支持基盤である農村や都市自営業者層を守るために、これらの層に対する保護はなされていた。そこで、規制緩和論は、もともと緩かった労働者に対する保護や社会的規制をさらに緩めると同時に、農村や都市自営業を保護している農産物輸入規制や大店法の廃止を求めたのである。

橋本内閣による構造改革の強行と挫折

こうした構造改革をはじめて体系的に実施する内閣として登場したのが橋本内閣であった。橋本内閣が掲げた六大改革は、いずれも「構造改革」の二つの柱に沿ったものであった。財政構造改革、金融構造改革、社会保障構造改革、教育改革、経済構造改革がそれである。橋本内閣は、財政支出削減に取り組み、社会保障費削減の焦点として医療保険制度改革に手を付け、健康保険料本人二割負担の実施や薬剤費の値上げなどを強行した。消費税も五％にあげられた。それと引き換えに、小渕内閣になってからではあるが法人税の値下げが断行された。他方規制緩和の方も強行された。ガットウルグアイラウンド合意を実施して農業自由化を推進し、大店法の廃止によるスーパー進出の規制緩和に踏み切った。派遣法改正などにより労働者の働き方に対する規制の緩和も企業リストラと並行して推進された。

しかし、こうした橋本構造改革は長くは続かなかった。高齢者や家庭の主婦層、さらには農村や都市自営業層といった自民党支持基盤すら自民党を見放した結果、橋本内閣は九八年夏の参院選で大敗し、「構造改革」は一時挫折を余儀なくされたのである。代わる小渕、森内閣は、農村や都市の自民党支持基盤の回復を図ることを余儀なくされた。そのため財政削減は停止され、かわりに湯水のような公共事業投資がばらまかれた結果、財政の赤字は一気に昂進した。財界も自民党政権を立て直すため、一時的にこうした「改革」の停止をのんだ。しかし、こうした改革の停止は、さらなる財政赤字を膨らませただけで肝心の自民党支持回復すら思わしくなかった。ここに登場したのが小泉内閣だったのである。小泉政権の下で構造改革の様相はさらに大きく変わる。その中で大学改革がクローズアップされてくるのである。

小泉「構造改革」の新段階と大学改革の浮上

世紀の変わり目あたりから財界の焦りと苛立ちは強くなった。かれらの眼には、日本は構造改革の遅れによって、「失われた一〇年」といわれる長期の不況、財政赤字の未曾有の増大に直面し、このままでは日本沈没の危機にあると見えた。こうした財界の危機感と期待を背に「聖域なき構造改革」を引っさげて登場したのが小泉政権であった。小泉政権では、構造改革の二本柱が容赦なく進められた。橋本内閣で行われた医療保険制度改革が再び実行され、医療費三割負担が実施されたばかりでなく診療報酬の引き下げが強行され、混合診療の導入に道が開かれた。金持ちも貧乏人も、保険証一枚あれば公的保険によって安心して治療を受けられるという制度に手がつけられたのである。規制緩和を急進的に実行するために「構造改革特区」もつくられた。しかし小泉政権はただ企業負担軽減と規制の緩和に専念しただけではなかった。それだけでは間に合わない状況が生まれていたからである。

ひとつは、大企業を生き返らせるために、負担軽減と規制緩和だけでなく、大企業に直接公的資金を投入したり、企業競争力強化を促進するための積極的政策がとられるに至ったことである。大学改革がこの目玉として注目されるようになったのである。

改革競争を強制するための大学法人化

もともと、先にふれたように、日本の教育費は初中等教育費に比重がかかり、高等教育費は先進国でも最低水準にあった。日本のキャッチアップ型高度成長期にはそれで良かったのである。先端的科学技術はアメリカから導入し、日本はその産業化技術の開発に専念すればよかった。大学における基礎技術研究は軽視され、産業化に役立つ工学部に資金が投入された。むしろ教育は企業の優秀な従業員を育成するための初中等教育に重点がおかれたのである。しかしグローバル時代に入り日本企業がアメリカ企業と先端的開発競争を演ずるようになると、先端的科学技術強化への要請が強くなった。こうして高等教育の拡充、それもグローバル企業の競争力強化に直接役立つ大学や部門の選択的拡充が求められるようになったのである。そのためには、こうした方向への大学の再編が必要となり、今まで横並びで配分されてきた高等教育費も効果の上がるところに重点配分する仕組みが必要となる。しかし、こうした大学の改革は、大学の自治に守られた既存の制度の下では極めて難しかった。大学の改革を「柔軟に」推し進める手だてをつくらないかぎり大学の改革など、できない。こうして国立大学の法人化という手法の改革が浮上することとなったのである。大学法人化とは、財界の期待に沿う大学を造るために従来のような文科省の直接統制の大学から、法人格を与えて、大学が「自主的」に「改革」に励めるようにしたうえで、「改革」の成否によって公的資金に思い切った差をつける仕組みをつくることによって、大学を改革競争に強制的に巻き込むことをねらっている。同時に、学長に権限を集中し大学運営に財界など外部の意思が直接反映する仕組みをつくって、こうした改革競争に抵抗しかねない学内の声を抑え、改革をスムーズに行える態勢がつくられようとしている。

社会統合の破綻と治安国家化

さて、小泉政権の下で新たに提起されたもう一つの課題は、構造改革の生みだす社会変化への対応であった。というのは、長期不況の下でのリストラ、企業のグローバル化による産業の空洞化と衰退、そしてほかでもなく「構造改革」の容赦ない実行によって、いま日本社会は大きく崩れ始めているからである。農業や中小零細企業、地場産業の衰退によって、地方は荒廃が進み、高齢者や弱者は構造改革による福祉や医療の削減で困難に直面している。現代日本では、既存の社会がそれなりにもっていた安定性が急速に崩れつつある。こうした既存社会統合の破綻は、ホームレスの増加、犯罪率の上昇や児童虐待、ドメスティックバイオレンスなどの形で顕在化している。政府としても、こうした社会統合の破綻をそのままにしては改革を推し進めることはできないし、下手をすれば保守政治そのものの存続が疑われかねない。かといって企業のグローバル化を押しとどめたり、構造改革をやめたりするわけには行かない。こうして、構造改革を推し進めつつ、社会統合の破綻を弥縫するいくつかの改革が迫られることとなった。

これまでスリム化一本やりだった教育改革が、九〇年代末あたりから少し様相を変えて、子どもたちに対する規範教育やら「奉仕の義務化」が強調されるようになり、さらには教育基本法改正による愛国心や伝統、共同体的価値の自覚の涵養などがうたわれるようになったのは、こうした現代社会の統合の解体状況を、子どもたちへの規範教育や共同体の喚起によって弥縫しようという意図にもとづくものである。また住民基本台帳ネットの実施による国民の管理の強化も、こうした既存統合の解体状況に対する方策として打ち出されている。

階層型社会づくり

以上のように、現代日本社会はグローバル企業本位の不況克服のための改革が、社会の全部面で展開している。これら改革は、社会をグローバル企業とその担い手であるエリート中心に運営させ、他方高齢者や貧困層など弱者を切り捨てる階層型社会に改造しようとしている。大学改革もこうした社会改造の一環として強行されようとしているのである。こうした改革は、しかし、労働現場、教育や福祉の現場を大きく変貌させ、大きな困難をもたらしている。

あとがき

国立大学は変わらなければならない、しかし、それは国立大学法人法案が想定するような方向にではない、というのが私たちの立場である。

初等・中等教育と連携した高等教育機関として、また生涯教育の機関として大学の果たすべき役割は大きい。大学が人間のつくる社会と世界のあり方を考え、環境や生命の問題といった人類史的あるいは文明誌的課題に応えていくためには、大学自体の率直な自己点検が必要である。大学の教育と研究が、人間の尊厳を高めるものとなっているのか、大学で働く職員にとって、大学は自己実現と協働の場となっているのか、大学で学ぶ学生にとって、大学は知的関心を満たす人間的成長の場となっているのか、があらためて問われている。また、大学の構成員と社会との信頼と協力にもとづく関係を作らなければならない。

国立大学法人法は、互いの信頼ではなく猜疑を、協力ではなく相互不信をもたらすことになる。この法案は、政府による強力な統制を通じて、産業競争力強化という国策の遂行のために大学を総動員しようとするものである。私たちは、本来あるべき大学の姿を模索するなかで、このような改革は真の改革を阻むものであることを確信するに至った。短期的な経済効率に目を奪われて、大学がもつ可能性を無にするのではなく、社会と大学との緊張を保った長期的な協力関係をつくりあげること、これが私たちの願いである。

資料編

資料① 国立大学法人法案（抜粋）（二〇〇三年二月二八日国会提出）

第一章 総則

第一節 通則

（目的）

第一条 この法律は、大学の教育研究に対する国民の要請にこたえるとともに、我が国の高等教育及び学術研究の水準の向上と均衡ある発展を図るため、国立大学を設置して教育研究を行う国立大学法人の組織及び運営並びに大学共同利用機関を設置して大学の共同利用に供する大学共同利用機関法人の組織及び運営について定めることを目的とする。

（定義）

第二条 この法律において「国立大学法人」とは、国立大学を設置することを目的として、この法律の定めるところにより設立される法人をいう。

（教育研究の特性への配慮）

第三条 国は、この法律の運用に当たっては、国立大学及び大学共同利用機関における教育研究の特性に常に配慮しなければならない。

（法人格）

第六条 国立大学法人等は、法人とする。

（資本金）

第七条 各国立大学法人等の資本金は、附則第九条第二項の規定により政府から出資があったものとされた金額とする。

2 政府は、必要があると認めるときは、予算で定める金額の範囲内において、国立大学法人等に追加して出資することができる。

第二節 国立大学法人評価委員会

第九条 文部科学省に、国立大学法人等に関する事務を処理させるため、国立大学法人評価委員会（以下「評価委員会」という。）を置く。

2 評価委員会は、次に掲げる事務をつかさどる。

一 国立大学法人等の業務の実績に関する評価に関すること。

二 その他この法律によりその権限に属させられた事項を処理すること。

3 前項に定めるもののほか、評価委員会の組織、所掌事務及び委員その他の職員その他評価委員会に関し必要な事項については、政令で定める。

第二章　組織及び業務

第一節　国立大学法人

第一款　役員及び職員

（役員）

第十条　各国立大学法人に、役員として、その長である学長及び監事二人を置く。

（役員の職務及び権限）

第十一条　学長は、学校教育法（昭和二十二年法律第二十六号）第五十八条第三項に規定する職務を行うとともに、国立大学法人を代表し、その業務を総理する。

2　学長は、次の事項について決定をしようとするときは、学長及び理事で構成する会議（第五号において「役員会」という。）の議を経なければならない。

一　中期目標についての意見（国立大学法人等が第三十条第三項の規定により文部科学大臣に対し述べる意見をいう。以下同じ。）及び年度計画に関する事項

二　この法律により文部科学大臣の認可又は承認を受けなければならない事項

三　予算の作成及び執行並びに決算に関する事項

四　当該国立大学、学部、学科その他の重要な組織の設置又は廃止に関する事項

五　その他役員会が定める重要事項

3　理事は、学長の定めるところにより、学長を補佐して国立大学法人の業務を掌理し、学長に事故があるときはその職務を代理し、学長が欠員のときはその職務を行う。

4　監事は、国立大学法人の業務を監査する。

5　監事は、監査の結果に基づき、必要があると認めるときは、学長又は文部科学大臣に意見を提出することができる。

（役員の任命）

第十二条　学長の任命は、国立大学法人の申出に基づいて、文部科学大臣が行う。

2　前項の申出は、第一号に掲げる委員及び第二号に掲げる委員各同数をもって構成する会議（以下「学長選考会議」という。）の選考により行うものとする。

一　第二十条第二項第三号に掲げる者の中から同条第一項に規定する経営協議会において選出された者

二　第二十一条第二項第三号又は第四号に掲げる者の中から同条第一項に規定する教育研究評議会において選出された者

3　前項各号に掲げる者のほか、学長選考会議の定めるところにより、学長又は理事を学長選考会議の委員に加えることができる。ただし、その数は、学長選考会議の委員の総

数の三分の一を超えてはならない。

4 学長選考会議に議長を置き、委員の互選によってこれを定める。

5 議長は、学長選考会議を主宰する。

6 この条に定めるもののほか、学長選考会議の議事の手続その他学長選考会議に関し必要な事項は、議長が学長選考会議に諮って定める。

7 第二項に規定する学長の選考は、人格が高潔で、学識が優れ、かつ、大学における教育研究活動を適切かつ効果的に運営することができる能力を有する者のうちから行わなければならない。

8 監事は、文部科学大臣が任命する。

第十三条 理事は、前条第七項に規定する者のうちから、学長が任命する。

第十四条 学長又は文部科学大臣は、それぞれ理事又は監事を任命するに当たっては、その任命の際現に当該国立大学法人の役員又は職員でない者が含まれるようにしなければならない。

（役員の任期）

第十五条 学長の任期は、二年以上六年を超えない範囲内において、学長選考会議の議を経て、各国立大学法人の規則で定める。

2 理事の任期は、六年を超えない範囲内で、学長が定める。ただし、理事の任期の末日は、当該理事を任命する学長の任期の末日以前でなければならない。

3 監事の任期は、二年とする。ただし、補欠の監事の任期は、前任者の残任期間とする。

4 役員は、再任されることができる。この場合において、当該役員がその最初の任命の際現に当該国立大学法人の役員又は職員でなかったときの前条の規定の適用については、その再任の際現に当該国立大学法人の役員又は職員でない者とみなす。

（役員の欠格条項）

第十六条 政府又は地方公共団体の職員（非常勤の者を除く。）は、役員となることができない。

2 前項の規定にかかわらず、教育公務員で政令で定める者は、非常勤の理事又は監事となることができる。

（役員の解任）

第十七条 文部科学大臣又は学長は、それぞれその任命に係る役員が前条の規定により役員になることができない者に該当するに至ったときは、その役員を解任しなければならない。

2 文部科学大臣又は学長は、それぞれその任命に係る役員が次の各号のいずれかに該当するとき、その他役員たるに

る。

一　心身の故障のため職務の遂行に堪えないと認められるとき。

二　職務上の義務違反があるとき。

3　前項に規定するもののほか、文部科学大臣又は学長は、それぞれその任命に係る役員（監事を除く。）の職務の執行が適当でないため当該国立大学法人の業務の実績が悪化した場合であって、その役員に引き続き当該職務を行わせることが適当でないと認めるときは、その役員を解任することができる。

4　前二項の規定により文部科学大臣が行う学長の解任は、当該国立大学法人の学長選考会議の申出により行うものとする。

5　学長は、第一項から第三項までの規定により理事を解任したときは、遅滞なく、文部科学大臣に届け出るとともに、これを公表しなければならない。

（役員及び職員の秘密保持義務）

第十八条　国立大学法人の役員及び職員は、職務上知ることのできた秘密を漏らしてはならない。その職を退いた後も、同様とする。

（役員及び職員の地位）

第十九条　国立大学法人の役員及び職員は、刑法（明治四十年法律第四十五号）その他の罰則の適用については、法令により公務に従事する職員とみなす。

第二款　経営協議会等

（経営協議会）

第二十条　国立大学法人に、国立大学法人の経営に関する重要事項を審議する機関として、経営協議会を置く。

2　経営協議会は、次に掲げる委員で組織する。

一　学長

二　学長が指名する理事及び職員

三　当該国立大学法人の役員又は職員以外の者で大学に関し広くかつ高い識見を有するもののうちから、次条第一項に規定する教育研究評議会の意見を聴いて学長が任命するもの

3　前項第三号の委員の数は、経営協議会の委員の総数の二分の一以上でなければならない。

4　経営協議会は、次に掲げる事項を審議する。

一　中期目標についての意見に関する事項のうち、国立大学法人の経営に関するもの

二　中期計画及び年度計画に関する事項のうち国立大学法人の経営に関するもの

三　学則（国立大学法人の経営に関する部分に限る。）、会

計規程、役員に対する報酬及び退職手当の支給の基準、職員の給与及び退職手当の支給の基準その他の経営に係る重要な規則の制定又は改廃に関する事項

四 予算の作成及び執行並びに決算に関する事項

五 組織及び運営の状況について自ら行う点検及び評価に関する事項

六 その他国立大学法人の経営に関する重要事項

5 経営協議会に議長を置き、学長をもって充てる。

6 議長は、経営協議会を主宰する。

（教育研究評議会）

第二十一条 国立大学法人に、国立大学の教育研究に関する重要事項を審議する機関として、教育研究評議会を置く。

2 教育研究評議会は、次に掲げる評議員で組織する。

一 学長

二 学長が指名する理事

三 学部、研究科、大学附置の研究所その他の教育研究上の重要な組織の長のうち、教育研究評議会が定める者

四 その他教育研究評議会が定めるところにより学長が指名する職員

3 教育研究評議会は、次に掲げる事項について審議する。

一 中期目標についての意見に関する事項（前条第四項第一号に掲げる事項を除く。）

二 中期計画及び年度計画に関する事項（前条第四項第二号に掲げる事項を除く。）

三 学則（国立大学法人の経営に関する部分を除く。）その他の教育研究に係る重要な規則の制定又は改廃に関する事項

四 教員人事に関する事項

五 教育課程の編成に関する方針に係る事項

六 学生の円滑な修学等を支援するために必要な助言、指導その他の援助に関する事項

七 学生の入学、卒業又は課程の修了その他学生の在籍に関する方針及び学位の授与に関する方針に係る事項

八 教育及び研究の状況について自ら行う点検及び評価に関する事項

九 その他国立大学の教育研究に関する重要事項

4 教育研究評議会に議長を置き、学長をもって充てる。

5 議長は、教育研究評議会を主宰する。

第三款 業務等

（業務の範囲等）

第二十二条 国立大学法人は、次の業務を行う。

一 国立大学を設置し、これを運営すること。

二 学生に対し、修学、進路選択及び心身の健康等に関する相談その他の援助を行うこと。

三　当該国立大学法人以外の者から委託を受け、又はこれと共同して行う研究の実施その他の当該国立大学法人以外の者と連携して教育研究活動を行うこと。
四　公開講座の開設その他の学生以外の者に対する学習の機会を提供すること。
五　当該国立大学における研究の成果を普及し、及びその活用を促進するこ
と。
六　当該国立大学における技術に関する研究の成果の活用を促進する事業であって政令で定めるものを実施する者に出資すること。
七　前各号の業務に附帯する業務を行うこと。
2　国立大学法人は、前項第六号に掲げる業務を行おうとするときは、文部科学大臣の認可を受けなければならない。
3　文部科学大臣は、前項の認可をしようとするときは、あらかじめ、評価委員会の意見を聴かなければならない。
4　国立大学及び次条の規定により国立大学に附属して設置される学校の授業料その他の費用に関し必要な事項は、文部科学省令で定める。

第三章　中期目標等

(中期目標)

第三十条　文部科学大臣は、六年間において各国立大字法人等が達成すべき業務運営に関する目標を中期目標として定め、これを当該国立大学法人等に示すとともに、公表しなければならない。これを変更したときも、同様とする。
2　中期目標においては、次に掲げる事項について定めるものとする。
一　教育研究の質の向上に関する事項
二　業務運営の改善及び効率化に関する事項
三　財務内容の改善に関する事項
四　教育及び研究並びに組織及び運営の状況について自ら行う点検及び評価並びに当該状況に係る情報の提供に関する事項
五　その他業務運営に関する重要事項
3　文部科学大臣は、中期目標を定め、又はこれを変更しようとするときは、あらかじめ、国立大学法人等の意見を聴き、当該意見に配慮するとともに、評価委員会の意見を聴かなければならない。

(中期計画)

第三十一条　国立大学法人等は、前条第一項の規定により中期目標を示されたときは、当該中期目標に基づき、文部科学省令で定めるところにより、当該中期目標を達成するた

めの計画を中期計画として作成し、文部科学大臣の認可を受けなければならない。これを変更しようとするときも、同様とする。
2　中期計画においては、次に掲げる事項を定めるものとする。
一　教育研究の質の向上に関する目標を達成するためとるべき措置
二　業務運営の改善及び効率化に関する目標を達成するためとるべき措置
三　予算（人件費の見積りを含む。）、収支計画及び資金計画
四　短期借入金の限度額
五　重要な財産を譲渡し、又は担保に供しようとするときは、その計画
六　剰余金の使途
七　その他文部科学省令で定める業務運営に関する事項
3　文部科学大臣は、第一項の認可をしようとするときは、あらかじめ、評価委員会の意見を聴かなければならない。
4　文部科学大臣は、第一項の認可をした中期計画が前条第二項各号に掲げる事項の適正かつ確実な実施上不適当となったと認めるときは、その中期計画を変更すべきことを命ずることができる。
5　国立大学法人等は、第一項の認可を受けたときは、遅滞なく、その中期計画を公表しなければならない。

第四章　財務及び会計

（積立金の処分）

第三十二条　国立大学法人等は、中期目標の期間の最後の事業年度に係る準用通則法第四十四条第一項又は第二項の規定による整理を行った後、同条第一項の規定による積立金があるときは、その額に相当する金額のうち文部科学大臣の承認を受けた金額を、当該中期目標の期間の次の中期目標の期間に係る前条第一項の認可を受けた中期計画（同項後段の規定による変更の認可を受けたときは、その変更後のもの）の定めるところにより、当該次の中期目標の期間における第二十二条第一項又は第二十九条第一項に規定する業務の財源に充てることができる。
2　文部科学大臣は、前項の規定による承認をしようとするときは、あらかじめ、評価委員会の意見を聴かなければならない。
3　国立大学法人等は、第一項に規定する積立金の額に相当する金額から同項の規定による承認を受けた金額を控除してなお残余があるときは、その残余の額を国庫に納付しな

ければならない。

4　前三項に定めるもののほか、納付金の納付の手続その他積立金の処分に関し必要な事項は、政令で定める。

（長期借入金及び債券）

第三十三条　国立大学法人等は、政令で定める土地の取得、施設の設置若しくは整備又は設備の設置に必要な費用に充てるため、文部科学大臣の認可を受けて、長期借入金をし、又は当該国立大学法人等の名称を冠する債券（以下「債券」という。）を発行することができる。

2　前項に規定するもののほか、国立大学法人等は、長期借入金又は債券で政令で定めるものの償還に充てるため、文部科学大臣の認可を受けて、長期借入金をし、又は債券を発行することができる。ただし、その償還期間が政令で定める期間のものに限る。

3　文部科学大臣は、前二項の規定による認可をしようとするときは、あらかじめ、評価委員会の意見を聴かなければならない。

4　第一項又は第二項の規定による債券の債権者は、当該債券を発行した国立大学法人等の財産について他の債権者に先立って自己の債権の弁済を受ける権利を有する。

5　前項の先取特権の順位は、民法（明治二十九年法律第八十九号）の規定による一般の先取特権に次ぐものとする。

6　国立大学法人等は、文部科学大臣の認可を受けて、債券の発行に関する事務の全部又は一部を銀行又は信託会社に委託することができる。

7　商法（明治三十二年法律第四十八号）第三百九条、第三百十条及び第三百十一条の規定は、前項の規定により委託を受けた銀行又は信託会社について準用する。

8　前各項に定めるもののほか、第一項又は第二項の規定による長期借入金又は債券に関し必要な事項は、政令で定める。

（償還計画）

第三十四条　前条第一項又は第二項の規定により、長期借入金をし、又は債券を発行する国立大学法人等は、毎事業年度、長期借入金及び債券の償還計画を立てて、文部科学大臣の認可を受けなければならない。

2　文部科学大臣は、前項の規定による認可をしようとするときは、あらかじめ、評価委員会の意見を聴かなければならない。

第五章　雑則

（独立行政法人通則法の規定の準用）

第三十五条　独立行政法人通則法第三条、第七条第二項、第

八条第一項、第九条、第十一条、第十四条から第十七条まで、第二十四条から第二十六条まで、第二十八条、第三十一条から第五十条まで、第五十二条、第五十三条、第六十一条及び第六十三条から第六十六条までの規定は、国立大学法人等について準用する。この場合において、これらの規定中「主務大臣」とあるのは「文部科学大臣」と、「主務省令」とあるのは「文部科学省令」と、「評価委員会」とあり、及び「当該評価委員会」とあるのは「国立大学法人評価委員会」と読み替えるほか、次の表の上（左）欄に掲げる同法の規定中同表の中欄に掲げる字句は、それぞれ同表の下（右）欄に掲げる字句に読み替えるものとする。

（財務大臣との協議）

第三十六条　文部科学大臣は、次の場合には、財務大臣に協議しなければならない。

一　第七条第四項の規定により基準を定めようとするとき、又は同条第八項の規定により金額を定めようとするとき。

二　第二十二条第二項、第二十九条第二項、第三十一条第一項、第三十三条第一項、第二項若しくは第六項若しくは第三十四条第一項又は準用通則法第四十五条第一項ただし書若しくは第二項ただし書若しくは準用通則法第四十八条第一項の規定による認可をしようとするとき。

三　第三十条第一項の規定により中期目標を定め、又は変更しようとするとき。

四　第三十二条第一項又は準用通則法第四十四条第三項の規定による承認をしようとするとき。

五　準用通則法第四十七条第一号又は第二号の規定による指定をしようとするとき。

附則

（施行期日）

第一条　この法律は、平成十五年十月一日から施行する。

（職員の引継ぎ等）

第四条　国立大学法人等の成立の際現に附則別表第一の上（左）欄に掲げる機関の職員である者（独立行政法人日本学生支援機構法（平成十五年法律第　号）附則第二条又は独立行政法人海洋研究開発機構法（平成十五年法律第　号）附則第二条の規定により、独立行政法人日本学生支援機構又は独立行政法人海洋研究開発機構の職員となるものとされた者を除く。）は、別に辞令を発せられない限り、国立大学法人等の成立の日において、それぞれ同表の下（右）欄に掲げる国立大学法人等の職員となるものとする。

第五条　前条の規定により各国立大学法人等の職員となった者に対する国家公務員法（昭和二十二年法律第百二十号）

第八十二条第二項の規定の適用については、各国立大学法人等の職員を同項に規定する特別職国家公務員等と、前条の規定により国家公務員としての身分を失ったことを任命権者の要請に応じ同項に規定する特別職国家公務員等となるため退職したこととみなす。

（各国立大学法人等の職員となる者の職員団体についての経過措置）

第八条　国立大学法人等の成立の際現に存する国家公務員法第百八条の二第一項に規定する職員団体であって、その構成員の過半数が附則第四条の規定により国立大学法人等に引き継がれる者であるものは、国立大学法人等の成立の際労働組合法（昭和二十四年法律第百七十四号）の適用を受ける労働組合となるものとする。この場合において、当該職員団体が法人であるときは、法人である労働組合となるものとする。

資料②　国立大学法人法等の施行に伴う関係法律の整備等に関する法律案

第二条　次に掲げる法律は、廃止する。

一　国立学校設置法（昭和二十四年法律第百五十号）

二　国立学校特別会計法（昭和三十九年法律第五十五号）

（学校教育法の一部改正）

第三条　学校教育法（昭和二十二年法律第二十六号）の一部を次のように改正する。

第二条第一項中「国」の下に「（国立大学法人法（平成十五年法律第　　号）第二条第一項に規定する国立大学法人及び独立行政法人国立高等専門学校機構を含む。以下同じ。）」を加える。

第六条　教育公務員特例法（昭和二十四年法律第一号）の一部を次のように改正する。

第三条を削る。

資料③　教育公務員特例法

（身分）

第三条　国立学校の学長、校長、教員及び部局長は国家公務員、公立学校の学長、校長、教員及び部局長並びに教育長及び専門的教育職員は地方公務員としての身分を有する。

（採用及び昇任の方法）

第四条　学長及び部局長の採用並びに教員の採用及び昇任は、選考によるものとする。

2　学長の採用のための選考は、人格が高潔で、学識が優れ、かつ、教育行政に関し識見を有する者について、評議会（評議会を置かない大学にあつては、教授会。以下同じ。）の議て、その教授会が置かれる組織の長は、当該大学の教員人事の方針を踏まえ、その選考に関し、教授会に対して意見を述べることができる。

（転任）

第五条　学長、教員及び部局長は、学長及び教員にあつては評議会、部局長にあつては学長の審査の結果によるのでなければ、その意に反して転任されることはない。

（降任及び免職）

第六条　学長、教員及び部局長は、学長及び教員にあつては評議会、部局長にあつては学長の審査の結果によるのでなければ、その意に反して免職されることはない。教員の降任についても、また同様とする。

資料④　独立行政法人通則法

（役員の解任）

第二十三条　主務大臣又は法人の長は、それぞれその任命に係る役員が前条の規定により役員となることができない者に該当するに至ったときは、その役員を解任しなければならない。

3　前項に規定するもののほか、主務大臣又は法人の長は、それぞれその任命に係る役員（監事を除く。）の職務の執行が適当でないため当該独立行政法人の業務の実績が悪化した場合であって、その役員に引き続き当該職務を行わせることが適切でないと認めるときは、その役員を解任することができる。

第三十一条　独立行政法人は、毎事業年度の開始前に、前条第一項の認可を受けた中期計画に基づき、主務省令で定めるところにより、その事業年度の業務運営に関する計画（次項において「年度計画」という。）を定め、これを主務大臣に届け出るとともに、公表しなければならない。これを変更したときも、同様とする。

（各事業年度に係る業務の実績に関する評価）

第三十二条　独立行政法人は、主務省令で定めるところにより、各事業年度における業務の実績について、評価委員会の評価を受けなければならない。

3　評価委員会は、第一項の評価を行ったときは、遅滞なく、当該独立行政法人及び政令で定める審議会（以下「審議会」という。）に対して、その評価の結果を通知しなければならない。この場合において、評価委員会は、必要があると認めるときは、当該独立行政法人に対し、業務運営の改善その他の勧告をすることができる。

(中期目標に係る業務の実績に関する評価)

第三十四条　独立行政法人は、主務省令で定めるところにより、中期目標の期間における業務の実績について、評価委員会の評価を受けなければならない。

2　前項の評価は、当該中期目標の期間における中期目標の達成状況の調査をし、及び分析をし、並びにこれらの調査及び分析の結果を考慮して当該中期目標の期間における業務の実績の全体について総合的な評定をして、行わなければならない。

(中期目標の期間の終了時の検討)

第三十五条　主務大臣は、独立行政法人の中期目標の期間の終了時において、当該独立行政法人の業務を継続させる必要性、組織の在り方その他その組織及び業務の全般にわたる検討を行い、その結果に基づき、所要の措置を講ずるものとする。

3　審議会は、独立行政法人の中期目標の期間の終了時において、当該独立行政法人の主要な事務及び事業の改廃に関し、主務大臣に勧告することができる。

(企業会計原則)

第三十七条　独立行政法人の会計は、主務省令で定めるところにより、原則として企業会計原則によるものとする。

(財務諸表等)

第三十八条　独立行政法人は、毎事業年度、貸借対照表、損益計算書、利益の処分又は損失の処理に関する書類その他主務省令で定める書類及びこれらの附属明細書(以下「財務諸表」という。)を作成し、当該事業年度の終了後三月以内に主務大臣に提出し、その承認を受けなければならない。

(会計監査人の監査)

第三十九条　独立行政法人(その資本の額その他の経営の規模が政令で定める基準に達しない独立行政法人を除く。)は、財務諸表、事業報告書(会計に関する部分に限る。)及び決算報告書について、監事の監査のほか、会計監査人の監査を受けなければならない。

(財源措置)

第四十六条　政府は、予算の範囲内において、独立行政法人に対し、その業務の財源に充てるために必要な金額の全部又は一部に相当する金額を交付することができる。

東京大学職員組合
http://www.ne.jp/asahi/tousyoku/hp/

独立行政法人反対首都圏ネットワーク
http://www.ne.jp/asahi/tousyoku/hp/nettop.html

国立大学はどうなる——国立大学法人法を徹底批判する——
2003年5月15日　初版第1刷発行

編者——東京大学職員組合
独立行政法人反対首都圏ネットワーク
発行者——平田　勝
発行——花伝社
発売——共栄書房
〒101-0065　東京都千代田区西神田2-7-6 川合ビル
電話　03-3263-3813
FAX　03-3239-8272
E-mail　kadensha@muf.biglobe.ne.jp
http://www1.biz.biglobe.ne.jp/ ~kadensha
振替——00140-6-59661
装幀——神田程史
印刷・製本—中央精版印刷株式会社

ISBN4-7634-0402-4　C0036